인생 잠언

인생 잠언 / 행복편

지은이 | 황명환
초판 발행 | 2021. 5. 12
등록번호 | 제1988-000080호
등록된 곳 | 서울특별시 용산구 서빙고로65길 38
발행처 | 사단법인 두란노서원
영업부 | 2078-3352   FAX | 080-749-3705
출판부 | 2078-3331

책값은 뒤표지에 있습니다.
ISBN 978-89-531-4004-2 04230
        978-89-531-3967-1 04230(세트)

독자의 의견을 기다립니다.
tpress@duranno.com   www.duranno.com

두란노서원은 바울 사도가 3차 전도여행 때 에베소에서 성령 받은 제자들을 따로 세워 하나님의 말씀으로 양육하던 장소입니다. 사도행전 19장 8~20절의 정신에 따라 첫째 목회자를 돕는 사역과 평신도를 훈련시키는 사역, 둘째 세계선교(TIM)와 문서선교(단행본·잡지) 사역, 셋째 예수문화 및 경배와 찬양 사역, 그리고 가정·상담 사역 등을 감당하고 있습니다. 1980년 12월 22일에 창립된 두란노서원은 주님 오실 때까지 이 사역들을 계속할 것입니다.

황명환 목사의
잠언 강해

인생
잠언 / 행복편

황명환
지음

두란노

CONTENTS

들어가는 말　　　　　　　　　　　　06

1부
올바른 선택을 하면 행복해집니다
선택과 은총에 대하여

1 바른 선택이 진정한 행복을 결정합니다　　14
2 작은 일을 위대하게 만드는 비결　　　　　28
3 행복한 식탁이 회복의 열쇠입니다　　　　42
4 자녀의 미래를 위해 훈계를 아끼지 마세요　54
5 네 마음을 나에게 다오　　　　　　　　　68

2부
더불어 살면 행복해집니다
선하고 지혜로운 삶에 대하여

6 인생의 집을 잘 지으려면　　　　　　　　82
7 숨겨진 일과 나타난 일　　　　　　　　　94
8 마음을 시원하게 하는 사람　　　　　　　108
9 더불어 사는 지혜를 배우십시오　　　　　122
10 미련한 사람과 지혜로운 사람　　　　　136
11 미련한 사람 시리즈　　　　　　　　　148

3부

비교하지 않으면 행복해집니다
섬김과 겸손한 삶에 대하여

12 내일 일을 자랑하지 마세요	164
13 일하는 자에게 주시는 복	178
14 의인은 사자처럼 담대합니다	190
15 복 있는 사람	202
16 어떤 지도자가 되어야 합니까?	216
17 묵시가 필요할 때	228

4부

내가 행복하면 이웃도 행복해집니다
분별과 승리하는 삶에 대하여

18 제 평생의 소원입니다	242
19 악에서 구해 주소서	252
20 하나님께는 비밀이 없습니다	264
21 어디에나 배울 것은 있습니다	276
22 어머니가 들려주는 지혜	290
23 이상적인 여인상	302

들어가는 말

행복에 대한 진정한 해답은 위로부터 옵니다

    어린 강아지 한 마리가 마당에서 자기 꼬리를 잡으려고 뱅글뱅글 도는 것을 보고 어미 개가 물었습니다. "너는 왜 그렇게 네 꼬리를 잡으려고 하니?" 그러자 강아지는 말했습니다. "엄마, 나는 행복이 어디 있는지를 알았어요. 행복은 내 꼬리에 있어요. 그래서 꼬리를 붙잡으려고 도는 거예요. 이 꼬리를 붙잡는 날, 나는 정말 행복해질 수 있을 거예요." 그 소리를 듣고 어미 개는 말했습니다. "나도 너만 할 때 그런 고민을 했었지. 행복은 좋은 것이고, 그것이 꼬리에 있다고 생각했지. 그래서 꼬리를 잡으려고 노력했단다. 그러나 나이가 들면서 하나 깨달은 게 있어. 자신의 일에 열중할 때 꼬리는 자연스레 나를 따라오기 때문에 그것을 잡으려고 애쓸 필요가 없다는 걸 말이다." 탈무드에 나오는 말입니다.

    행복이란 무엇일까요? 모든 사람이 행복을 가장 갈망합니다. 모든 사람이 행복을 최고의 목적으로 두고 추구합니다. 행복을 깊이 연구한 철학자 아리스토텔레스는 《니코마코스 윤리학》에서 행복을 이렇게 정의했습니다. "모든 사람은 행복을 추구하지만 행복이 무엇인가에 대한 정의는 매우 다양하다. 어떤 사람은 행복을 부나 명예 혹은 권력에서 찾으며, 또 어떤 사람은 행복을 건강과 장수에서, 또 혹자는 학문적 탐구와 이론적 관조에서 찾는다. 그러나 행복은 행운도 아니고, 욕망 충족의 결과도 아니다. 행복은 인간 활동의 결과로 생겨난, 오래 지속되는 어떤 종류의 만족감이다."

여러분은 행복이 뭐라고 생각하십니까? 1938년에 시작되어 지금까지 계속되는 '하버드대학교 성인발달 연구'는 '행복의 공식들'을 찾는 가장 방대하고 체계적인 프로젝트입니다. 이 프로젝트의 목적은 "인간 행복의 조건은 무엇인가?"를 밝혀 보려는 데 있습니다. 그 결과 몇 가지 행복 공식들을 찾아내었는데, 그것을 삶에서 실천하면 행복에 훨씬 더 가까이 접근할 수 있다고 생각합니다. 최종 결론에 도달하기 위해선 조금 더 연구해야겠지만, 지금까지 나온 결과물로 여러 권의 저서를 출판했고, 주옥같은 행복의 지침들을 내놓아 많은 사람의 삶에 유익을 주고 있습니다.

예를 들면 성숙한 방어기제(인생의 고통에 대하여 어떻게 대응하는가)의 문제, 안정된 결혼생활 같은 사람들과의 관계, 교육, 금연, 금주, 운동, 알맞은 체중 등의 요인이 행복에 있어 큰 비중을 차지하며, 오히려 사회 계급, 아이큐, 경제 수입 등은 상대적으로 덜 중요하다는 것이 밝혀지고 있습니다.

이런 행복의 공식들을 가지고도 우리는 어느 정도 행복으로 가는 길을 알 수 있습니다. 그러나 하나님 없는 행복은 뿌리가 잘린 꽃과 같습니다. 꽃잎과 잎사귀 부분만 연구해도 도움이 되지만 사실은 보이지 않는 뿌리와 그 꽃을 함께 살펴보아야 그 꽃에 대해 정확하게 알 수 있는 것과 같습니다.

파스칼의 말처럼 하나님의 형상으로 만들어진 인간은 세상 모든 것을 가지고도 채워지지 않는 존재입니다. 보이는 모든 것을 가졌다고 행복할까요? 아닙니다. 그 이상의 것이 필요합니다. 행복에 대한 진정한 해답은 위로부터 옵니다. 우리보다 우리를 더 잘 아시는 하나님, 우리보다 우리를 더 사랑하시는 하나님이 주신 행복의 공식이 있는데, 그것이 바로 성경입니다.

내가 오늘 네 행복을 위하여 네게 명하는 여호와의 명령과 규례를 지킬 것

이 아니냐 신 10:13

하나님이 인간의 행복을 위해서 말씀하신 내용, 즉 인간 행복 지침서가 바로 성경입니다. 그중에서도 인간을 창조하신 하나님이 주신 행복의 방법들과 원칙들을 자세히 기록해 놓은 것이 잠언입니다. 신앙적이고 영적인 것뿐만 아니라 일상 속에서 나타나고 실천되어야 하는 내용들(초월적인 것과 비초월적인 것, 수직적인 것과 수평적인 것 두 가지를 다 아우르는 행복의 방법)이 바로 잠언 속에 있습니다. 그것이 무엇인지 살펴보는 것은 가치 있는 일입니다.

인류 역사 이래로 수많은 사람들이 실험했고, 그대로 살아오면서 실천하고 검증하고 확인할 수 있었던 행복의 공식을 풀어서 《인생 잠언》 제3권을 내놓습니다. 열린 마음으로 읽어 보고, 겸손하게 실천하고자 노력한다면 이 세상 어떤 행복 공식보다도 더 분명히 우리 삶을 행복하게 해 줄 것이라고 믿습니다. 여러분의 인생이 단순히 사람들이 볼 때 행복한 인생으로 끝나지 않고, 하나님이 보실 때도 "너는 정말 행복한 인생을 살았구나" 하는 삶이 되기를 바라는 마음뿐입니다.

2021년 5월
수서동산에서 황명환

1부

올바른 선택을 하면 행복해집니다

선택과 은총에 대하여

잠 22:1-16

1 많은 재물보다 명예를 택할 것이요 은이나 금보다 은총을 더욱 택할 것이니라
2 가난한 자와 부한 자가 함께 살거니와 그 모두를 지으신 이는 여호와시니라
3 슬기로운 자는 재앙을 보면 숨어 피하여도 어리석은 자는 나가다가 해를 받느니라
4 겸손과 여호와를 경외함의 보상은 재물과 영광과 생명이니라
5 패역한 자의 길에는 가시와 올무가 있거니와 영혼을 지키는 자는 이를 멀리 하느니라
6 마땅히 행할 길을 아이에게 가르치라 그리하면 늙어도 그것을 떠나지 아니하리라
7 부자는 가난한 자를 주관하고 빚진 자는 채주의 종이 되느니라
8 악을 뿌리는 자는 재앙을 거두리니 그 분노의 기세가 쇠하리라
9 선한 눈을 가진 자는 복을 받으리니 이는 양식을 가난한 자에게 줌이니라
10 거만한 자를 쫓아내면 다툼이 쉬고 싸움과 수욕이 그치느니라
11 마음의 정결을 사모하는 자의 입술에는 덕이 있으므로 임금이 그의 친구가 되느니라
12 여호와의 눈은 지식 있는 사람을 지키시나 사악한 사람의 말은 패하게 하시느니라
13 게으른 자는 말하기를 사자가 밖에 있은즉 내가 나가면 거리에서 찢기겠다 하느니라
14 음녀의 입은 깊은 함정이라 여호와의 노를 당한 자는 거기 빠지리라
15 아이의 마음에는 미련한 것이 얽혔으나 징계하는 채찍이 이를 멀리 쫓아내리라
16 이익을 얻으려고 가난한 자를 학대하는 자와 부자에게 주는 자는 가난하여질 뿐이니라

1

바른 선택이 진정한 행복을 결정합니다

삶의 방향을 정하는 선택

옛날 중국 제나라의 어떤 아가씨가 결혼을 하려고 하는데, 두 군데서 중매가 들어왔습니다. 동쪽에 사는 청년은 외모가 시원치 않았지만 부자였고, 서쪽에 사는 청년은 총명하고 인물도 좋았지만 아주 가난했습니다. 쉽게 결정을 내리지 못한 부모는 딸에게 말했습니다. "네가 스스로 결정을 해라. 어느 쪽이 좋겠느냐?" 그러자 딸은 말했습니다. "식사는 동쪽 집에서 하고, 잠은 서쪽 집에서 자고 싶습니다." 여기서 나온 말이 "동가식서가숙"(東家食西家宿)입니다. 이 말은 '올바른 선택을 하지 못하고 이익에 따라 휘청거리는 모습'을 나타낼 때 쓰입니다.

실존주의 철학자 키르케고르(Søren Kierkegaard)는 《이것이냐 저것이냐》라는 책에서 "인간은 선택하는 존재"라고 말했습니다. 다른 사람이 대신 선택해 줄 수 없으며 내가 주체적으로 선택해야만 합니다. 그리고 선택에 대해 책임을 져야 합니다. 때문에 선택 속에는 그 사람의 가치관과 인격이 드러날 뿐 아니라, 선택의 결과로 그의 삶이 결정됩니다. 결국 인생은 선택의 결과물입니다.

키르케고르는 사람들의 선택에는 3단계가 있다고 말합니다. 1단계는 '심미적 단계'입니다. 여기서 인간은 육체적 쾌락을 추구합니다. 이들의 인생목적은 삶을 즐기는(enjoy) 것입니다. 그러나 인간은 1단계에서 결코 완전한 행복을 얻을 수 없습니다. 인간이 감각적 쾌락만을 추구할 경우 권태와 절망에 빠지게 됩니다. 2단계는 '윤리적 단계'입니다. 쾌락만을 따라 살지 않고, 인간으로서 지켜야 하는 보편적 가치와 규범에 따라 살아갑니다. 그러면서 스스로 결정하고 책임질 수 있는 '도덕적 인간'이 됩니다. 그러나 아무리 윤리적으로 완벽해도 죽음을 피할 수 없고, 그 앞에서 불안할 수밖에 없습니다. 이것을 극복하는 길은 3단계인 '종교적 단계'입니다. 초월적 존재인 하나님과의 만남을 통해 죽음이라는 질서에 순종하는 동시에 그것을 벗어나 영원한 삶을 살게 되는 것입니다.

인간은 감각적 인간에서 윤리적 인간으로, 거기서 종교적 인간으로 성장합니다. 그런데 성장은 저절로 이뤄지는 게 아니라 '이런 사람이 되겠다' '이런 삶을 살겠다'고 선택할 때 가능합니다. 선택을 통해 인간은 더 높은 단계로 도약하는 것입니다.

어떤 선택을 하는가에 따라 인생의 방향과 성패가 좌우됩니다. 지혜로운 사람은 선택의 우선순위를 정확히 알고 기준을 가지고 중요한 선택을 합니다. 그렇다면 우리는 무엇을 선택해야 할까요?

은총을 선택할 때

많은 재물보다 명예를 택할 것이요 은이나 금보다 은총을 더욱 택할 것이니라 잠 22:1

맨 먼저 등장하는 것은 재물입니다. 많은 사람이 돈을 최고의 가치로 여깁니다. 어떤 방법을 쓰든 돈을 많이 벌어 편히 살고 싶어 합니다. 재물이 최고의 가치이며 목적이 되었기에 옳고 그름은 잘 따지지 않습니다. 그러나 재물을 가장 중요하게 여기는 가치관을 선택하면 안 됩니다. 그것은 값싼 인생이고, 재물은 하나님이 언제라도 가져가실 수 있기 때문입니다.

재물보다 더 나은 선택이 있습니다. 명예를 선택하는 것입니다. 명예란 무엇입니까? 사람들의 박수갈채를 받는 것입니까? 많은 사람이 대표나 장관이나 박사가 되는 것이 명예라고 생각합니다. 그러나 명예란 '좋은 이름'을 의미합니다. 이름답게 되는 것이 명예입니다. '목사다운' 목회자, '예수 믿는 사람다운' 성도가 명예입니다. 그 이름에 걸맞은 사람이 되는 것이 바로 명예입니다.

돈이 중요하지만 부자가 되는 것이 인생의 목적이 되어서는 안 됩니다. 재물보다 명예를 선택하라는 말은 '재물 때문에 명예를 더럽히지 말라!' '돈 때문에 너 자신을 잃어버리지 말라!'는 의미입니다. 철학적으로 표현하면 '자기의 자기 됨을 잃어 가면서 돈을 추구하지 말라'는 것입니다. 그래야 사람답게 살 수 있고, 자기 가치를 유지할 수 있기 때문입니다.

그러나 명예보다 더 귀한 것이 있습니다. 바로 '은총'입니다. 은총이란 '위에서부터 내려오는 사랑'입니다. 우리는 하나님의 은총을 갈망하고 사모하며 은총을 선택해야 합니다.

은총은 어린아이를 돕는 부모와 같습니다. 걸음마를 하는 아이의 모습을 바라보며 부모는 기뻐합니다. 부모는 아이를 지켜보며 걸음마를 할 수 있도록 뭐든지 다 해 주려고 합니다. 이것이 아이를 향한 은총입니다. 아이에게 돈이나 명예가 필요할까요? 은총만 있으면 됩니다. 그러므로 은총은 모든 것보다 귀합니다. 하나님을 기쁘시게 하면 은총을 받습니다.

얼마 전에 교회 문제로 분쟁을 하는 분들이 상담을 하러 왔기에 이렇게 말했습니다.

"싸움을 그칠 수 없어요? 손해를 보고, 명예가 훼손된다고 해도, 하나님의 영광을 위해 내려놓을 수 없습니까?"

그러면서 성경 말씀을 이야기했습니다. 창세기 13장에 보면, 아브라함과 조카 롯의 소와 양이 많아 함께 거할 수가 없었습니다. 그래서 아브라함의 종들과 롯의 종들이 서로 다투었습니다. 아브라함은 하나님을 믿는 사람이 이방인 앞에서 싸워서는 안 되겠다고 생각합니다. 그리고 롯에게 말합니다. "우리가 헤어져야 하는데 네가 먼저 선택하라. 네가 좌하면 나는 우할 것이고, 네가 우하면 내가 좌하리라." 롯이 보니 소돔과 고모라 쪽이 넓고 비옥했습니다. 그래서 자기 식솔과 양 떼를 데리고 그곳으로 떠납니다.

아브라함은 자식도 없는데다 사랑하는 조카도 떠나고 좋은 땅도 주어 버렸습니다. 마음이 허전한 채 있는데 하나님이 말씀하십니다. "…너는 눈을 들어 너 있는 곳에서 북쪽과 남쪽 그리고 동쪽과 서쪽을 바라보라 보이는 땅을 내가 너와 네 자손에게 주리니 영원히 이르리라 내가 네 자손이 땅의 티끌 같게 하리니 사람이 땅의 티끌을 능히 셀 수 있을진대 네 자손도 세리라"(창 13:14-16). 하나님은 아브라함에게 엄청난 복을 약속하셨습니다. 하나님을 믿는 사람답게 살고자 선택했을 때 아브라함은 은총을 받았습니다.

한번 상상해 보세요. 공이 3개 있습니다. 첫 번째 공을 선택하면 엄청난 돈이 생깁니다. 두 번째 공을 선택하면 엄청난 명예가 생깁니다. 세 번째 공을 선택하면 돈도 손해 보고 명예도 없어집니다. 그러나 하나님이 기뻐하시고 은총을 부어 주십니다. 셋 중에 하나만 선택해야 한다면 어느 공을 집겠습니까? 대부분의 사람들은 첫 번째 공이나 두 번째 공을 집을 것입니다. 세 번째 공을 집을 사람은 많지 않습니다. 그런데 자신에게 진지하게 질문할 필요가 있습니다.

'나는 셋 중에서 무엇을 가장 중요하게 생각하는가? 내가 의지하는 것, 내 행동의 근거, 정말 나를 지배하는 것이 무엇인가?'

돈 때문에 사명을 저버리고 하나님 앞에서 마땅히 해야 할 일을 못 한다면 그는 돈을 선택한 것입니다. 선택의 우선순위를 어디에 두고 있는가를 질문해야 합니다. 왜냐하면 선택이 바로 나의 참모습이기 때문입니다.

더 나아가서 나는 명예를 소중히 여기는 사람인지 살펴야 합니다. 내 이름을 높이고 사람들에게 인정을 받으며, 능력 있는 사람, 존경받는 사람이 되려고 애를 쓰고 있지는 않은지 보십시오. 재물을 따르는 사람보다는 한결 낫지만, 목적은 자기 자신입니다.

하나님을 믿는 우리는 그 무엇보다 하나님을 기쁘시게 하는 데 목적을 두어야 합니다. 하나님을 높이며 사랑하는 것을 최고의 가치로 알고 사는 사람이 최고의 인생입니다.

열심히 일해서 많이 버십시오. 하지만 명예롭게 살아야 합니다. 자기 됨을 잃지 말고 존경받는 사람이 되어야 합니다. "하나님, 저는 돈이 없어도 되고, 명예가 없어도 괜찮습니다. 그러나 하나님의 은혜 없이는 살 수 없습니다. 저를 도와주시고, 불쌍히 여겨 주소서." 하나님의 은총을 구하십시오. 은총을 얻는 것이 가장 큰 복이고, 가장 지혜롭기 때문입니다. 돈이 아니라 명예, 그보다도 은총을 선택할 때 인생을 제대로 살아갈 수 있습니다.

겸손과 경외를 선택하는 것

가난한 자와 부한 자가 함께 살거니와 그 모두를 지으신 이는 여호와시니라
잠 22:2

세상에는 가난한 자와 부한 자가 함께 살아갑니다. '그 모두를 하나님이 지으셨다'는 말씀은 무슨 뜻일까요? '하나님이 그렇게 만드

셨으니까 잘살고 못사는 것도 정해져 있다'고 오해하면 안 됩니다. 하나님이 그들을 만드셨으므로 가난하다고 차별하지 말라는 뜻입니다. 빈부 차이는 우리에게는 크게 보이지만, 하나님 앞에서는 사소합니다. 빈부가 우리의 정체성이 아니기 때문입니다.

사람을 지으시고 다스리시는 하나님이 계심을 기억하는 것이 중요합니다. 그 하나님을 만났는지가 중요합니다. 가난해도 하나님을 만나 그 은총을 받으며 산다면 성공한 인생이고, 부자라도 하나님을 만나지 못했다면 실패한 인생입니다.

가난한 사람과 부자는 언제나 섞여 살아갑니다. 모두가 함께 잘 살도록 해야 합니다. 그러나 부자를 없애고 똑같이 살자는 것은 잘못입니다. 가난한 자와 부한 자가 공존하면서 서로 질투하거나 멸시하지 않아야 합니다. 왜냐하면 부자는 가난한 자를 섬기고, 가난한 자는 부자를 섬기는 것이기 때문입니다. 가난한 사람은 그 안에서 인내를 배우고, 만족함을 배워야 합니다. 그리고 부자는 감사하면서 긍휼의 마음을 가져야 합니다. 그러므로 은총을 선택한 자가 가져야 할 것은 겸손과 여호와를 경외하는 것입니다.

> 겸손과 여호와를 경외함의 보상은 재물과 영광과 생명이니라 잠 22:4

겸손과 여호와 경외는 어떤 관계일까요? 하나님을 경외하면 겸손해집니다. 그러므로 겸손하게 여호와를 경외하면 은총을 받습니다. 하나님은 그 사람에게 재물도, 영광도, 생명도 주십니다. 은총을 선택하면 하나님이 다 주십니다. 우리는 이것을 자녀들에게도 가르쳐야 합니다("마땅히 행할 길을 아이에게 가르치라 그리하면 늙어도 그것을 떠나지 아니하리라" 6절). 마땅히 행할 길은 무엇일까요? 올바른 가치관입니다. 돈과 명예뿐만 아니라 은총에 대해서도 가르치라는 것입니다. 언제나 기도하고, 주일에는 교회에 가고, 시간을 내어 봉사하는 이 모든 것을 가르쳐야 합니다. 심부름도 시켜야 합니다. 일하는 기쁨이나 어머니를 도와주는 기쁨도 가르쳐야 합니다. 무엇보다도 하나님의 은총을 갈망하도록 가르쳐야 합니다. 눈으로 보고 삶으로 경험하게 해 주어야 합니다. 그러면 늙어서도 그것을 떠나지 않는다고 했습니다. 그런데 요즘 부모는 자녀에게 마땅히 행할 길을 가르치지 않습니다. 가르치지 않으면서 자녀들이 그 길로 잘 가기를 바랍니다. 이것이 가능하겠습니까?

어느 목사님이 부흥회를 인도하러 가셨는데 그 교회 장로님 댁에 묵게 되었습니다. 생각보다 작은 집이었습니다. 그러나 온 가족이 정성껏 섬겼습니다. 다음 날 새벽에 예배를 인도하러 나왔더니 영업용 택시가 와서 기다리고 있었습니다. 돈을 더 주고 미리 잡아 놓고 기다렸던 것입니다. 돌아올 때도 마찬가지였습니다. 이렇게 한 주간 머물렀습니다. 마지막 날, 장로님의 극진한 대접에 대해 감사의 마음을 전했더니, 장로님이 이렇게 말했습니다.

"어릴 때 할아버지 할머니 그리고 부모님이 교회를 사랑하고 목사님을 잘 섬기는 모습을 보았습니다. 그것을 늘 자랑스럽게 생각했는데, 제가 철이 없어서 자식들에게는 가르치지 못했습니다. 이제라도 제가 배운 신앙의 유산을 보여 주고 싶어 고민했습니다. 그 와중에 우리 교회에서 부흥회를 하게 되어서 '이번에 오시는 강사님은 제가 모실 수 있도록 해 주십시오' 하고 하나님께 기도했습니다. 다행히 교회의 허락을 받았습니다. 마지막 기회라 생각하고 제가 배웠던 모습 그대로 목사님을 섬기고자 했을 뿐입니다."

아름다운 것은 마땅히 가르쳐야 합니다. 이것이 천만금 유산보다 더 아름답습니다.

하나님의 지식이 있는 곳을 향해서

> 여호와의 눈은 지식 있는 사람을 지키시나 사악한 사람의 말은 패하게 하시느니라 잠 22:12

하나님은 지식이 있는 자를 지켜 주십니다. 그렇다면 무식한 자는 돌보지 않는다는 뜻일까요? 여기서의 '지식'은 '하나님의 말씀, 진리에 대한 지식'입니다. 말씀을 배우고 그 말씀대로 살려고 애쓰는 사람을 기쁘게 여기고 지켜 주신다는 뜻입니다. 연약한 사람은 험한 세상에서 넘어질 수밖에 없습니다. 그러나 말씀대로 살려고 애를 쓰면 하나님이 지켜 주십니다. 이기게 하시고, 열매 맺게 하십니다.

그런데 사람들은 어떤 핑계를 댈까요? 밖에 사자가 있어서 나가면 찢긴다고 핑계를 댑니다.

> 게으른 자는 말하기를 사자가 밖에 있은즉 내가 나가면 거리에서 찢기겠
> 다 하느니라 잠 22:13

해 보지도 않고 부정적으로만 생각합니다. "은총만 가지고 어떻게 사나? 돈이 있어야 살지, 명예가 있어야지" 하며 핑계를 댑니다. 핑계를 대는 곳에는 하나님의 지혜가 없습니다. 결국 그런 사람에게 하나님의 은총이 주어질 방법이 없습니다.

지혜로운 사람은 말씀을 붙들고 살아야 합니다. 불가능하다고 핑계 대지 말고 말씀을 믿고 실천해 보세요. 하나님이 책임을 지시는지 그렇지 않은지 확인해 보세요. 하나님의 말씀을 선택하는 것이 바로 더 높은 단계로 도약하는 첫걸음입니다.

**함께
이야기하기**

1. 선택을 할 때 내가 가장 중요하게 여기는 가치와 그 이유는 무엇인가요?

2. 우리 자녀들에게 꼭 알려 주어야 하는 가치는 무엇인가요?

3. 겸손히 하나님을 경외하며 하나님의 말씀대로 살고자 했을 때 하나님이 갚아 주신 경험이 있다면 나눠 봅시다.

함께 기도하기

살아 계신 하나님 아버지!
우리가 선택의 우선순위를 바로 알게 하소서.
돈이면 다 된다고 생각하는 이 시대 속에서
재물보다 명예를,
명예보다 은총을 선택하는 사람으로 살게 하소서.

잠 22:17-29

17 너는 귀를 기울여 지혜 있는 자의 말씀을 들으며 내 지식에 마음을 둘지어다
18 이것을 네 속에 보존하며 네 입술 위에 함께 있게 함이 아름다우니라
19 내가 네게 여호와를 의뢰하게 하려 하여 이것을 오늘 특별히 네게 알게 하였노니
20 내가 모략과 지식의 아름다운 것을 너를 위해 기록하여
21 네가 진리의 확실한 말씀을 깨닫게 하며 또 너를 보내는 자에게 진리의 말씀으로 회답하게 하려 함이 아니냐
22 약한 자를 그가 약하다고 탈취하지 말며 곤고한 자를 성문에서 압제하지 말라
23 대저 여호와께서 신원하여 주시고 또 그를 노략하는 자의 생명을 빼앗으시리라
24 노를 품는 자와 사귀지 말며 울분한 자와 동행하지 말지니
25 그의 행위를 본받아 네 영혼을 올무에 빠뜨릴까 두려움이니라
26 너는 사람과 더불어 손을 잡지 말며 남의 빚에 보증을 서지 말라
27 만일 갚을 것이 네게 없으면 네 누운 침상도 빼앗길 것이라 네가 어찌 그리하겠느냐
28 네 선조가 세운 옛 지계석을 옮기지 말지니라
29 네가 자기의 일에 능숙한 사람을 보았느냐 이러한 사람은 왕 앞에 설 것이요 천한 자 앞에 서지 아니하리라

2

작은 일을
위대하게 만드는 비결

위대한 일과 평범한 일

배운 것도 별로 없고, 전쟁터에서 부상을 입어 다리가 불편한 남자가 있었습니다. 그는 하나님을 사랑하고 섬기고 싶은 마음에 수도사가 되려고 했습니다. 여러 번 지원했지만 번번이 떨어지다가 48세에 겨우 수도원에 들어가게 되었습니다. 수도원에서는 그에게 주방보조 일을 맡겼습니다. 그는 너무나 실망했습니다. '주님을 섬기기 위해 수도원에 들어온 나에게 기껏 밥하고 설거지나 하라니!' 주방 일은 너무나 단조롭고 고달팠습니다. 아무도 그를 알아주거나 환영하지 않았습니다.

그러나 그는 생각을 바꾸었습니다. '주님을 섬기고 사랑할 수만 있다면 어떤 일이라도 괜찮다. 나는 밥하고 설거지를 할 때도 주님을 사랑하고 섬기는 마음으로 하겠다.' 수도사는 주님을 위해 일하기 시작했습니다. 주방 일을 잘할 수 있도록 시작 기도를 하고, 잘 마치게 해 주심에 감사하는 기도를 드렸습니다. 그는 매사에 정성을 다해 기쁨으로 주어진 일을 하게 해 달라고 기도했습니다. 그러자 일하는 순간순간이 주님과 교통하는 시간으로 변했습니다. 그가 식당에서 그릇을 닦고 있는 모습을 본 어떤 사람은 이렇게 말했습니다.

"그 형제가 그릇을 닦고 있는 모습에서 마치 신부님이 성찬식을 준비하는 엄숙함과 경건함이 느껴집니다. 그가 부엌일을 마치고 그 자리에서 기도하는 모습을 보면, 주님이 거기 임재하고 계심을 느낄 수 있습니다."

많은 사람이 그가 누리는 기쁨과 평화에 대해 질문했습니다. "당신의 얼굴은 언제나 밝게 빛나고, 늘 기쁨에 차 있습니다. 그 비결이 무엇입니까?" 그는 말했습니다. "나는 언제나 주님과 대화하며, 그분의 임재를 느끼며 일합니다." 심지어 종교지도자들도 그 수도원에 찾아와 그에게 조언을 구했습니다. 그때마다 그는 자신의 체험을 이야기해 주었습니다. 그의 가르침을 받은 사람들이 하나님의 임재를 느끼며 변화된 삶을 살게 되었습니다.

이 수도사의 이름은 로렌스 형제(Br. Lawrence)입니다. 로렌스 형제가 하나님과 대화한 내용, 그리고 사람들과 나눈 이야기를 기록한 경건서적이 《하나님의 임재연습》입니다. 이 책은 아주 사소하고 평범한 일도 하나님이 나에게 맡겨 주셨으며, 하나님을 섬기는 마음으로 하나님과 교통하면서 감당하는 그 일은 아름답고 위대한 일이 되며, 어떤 상황에서도 우리는 하나님의 임재를 누리며 살 수 있다고 말합니다. 크고 위대한 일이 따로 있는 것이 아니라 평범한 일이라도 주님을 향한 사랑과 충성으로 감당할 때 위대한 일이 되는 것입니다.

사실 위대한 일과 평범한 일을 나누는 게 중요한 것이 아니라, 일을 대하는 우리의 모습이 더 중요합니다. 우리는 어떻게 하나님과 사람 앞에서 주어진 일을 해야 할까요?

하나님 앞에서 해야 할 일

하나님을 위해 가장 먼저 해야 할 일은 바로 하나님의 말씀을 듣는 것입니다.

주인이 종에게 일을 시킵니다. "아랫동네 김 진사에게 가서 내일 정오에 내가 가겠다고 전해라." 심부름을 잘하려면 잘 들어야 합니다. 제대로 듣지도 않고 뛰어가면 일을 그르칩니다. 하나님을 위해 일하고 싶다면 귀를 기울여 말씀을 들으세요. 잘 들으면 하나님을 알게 되고, 무엇을 해야 하는지, 어떻게 해야 하는지 알게 됩니다. 행동이 먼저가 아님을 꼭 기억하십시오.

들음과 행동의 4단계

그렇다면 들음과 행동의 관계는 무엇일까요? 어떤 행동은 저절로 발생하는 것이 아닙니다. 반드시 원인과 결과가 있고, 4단계를 거칩니다.

> 너는 귀를 기울여 지혜 있는 자의 말씀을 들으며 내 지식에 마음을 둘지어다 이것을 네 속에 보존하며 네 입술 위에 함께 있게 함이 아름다우니라
> 잠 22:17-18

17-18절을 잘 보면 동사가 4개 나옵니다. 첫째, "귀를 기울여… 말씀을 들으며"(17절)입니다. 귀를 기울여 듣는 것이 기본입니다. 솔로몬이 하나님께 지혜를 구했습니다. 영어성경은 '지혜'를 'hearing heart'로 표현합니다. 바로 '듣는 마음'이 지혜입니다. 듣는 마음을 가지고 있으면 지혜는 날이 갈수록 쌓입니다. 잘 들으면 잘 변하고, 안 들으면 안 변합니다. 그러니 계속 하나님의 말씀을 들으려고 하십시오. 이것이 하나님 일의 시작이며, 하나님을 기쁘시게 하는 일입니다.

둘째, "마음을 둘지어다"(17절)입니다. 귀로만 듣는 것이 아니라 '마음으로 듣는 것'입니다. "귀 있는 자는 들을지어다"란 무슨 뜻일까요? 귀가 있어도 실제로는 듣지 않는 사람들이 많습니다. 소리만 들을 뿐다 자기식으로 판단하고 걸러 냅니다. 마음으로 받아들이지 않는 것입니다. 그러니 먼저 듣고 마음으로 받아들이라는 말입니다.

셋째, "네 속에 보존하며"(18절)입니다. 받아들인 그것이 내 속에서 내면화되고 머물면서 소원이 됩니다. 마지막으로 "입술 위에 함께 있게 함이 아름다우니라"(18절)입니다. 이제는 지혜를 내가 말하게 됩니다. 그 말씀을 삶으로 고백하고 간증하는 것입니다. 그러니 듣고 마음에 새기면, 그것이 내 마음에 머물러서 소원이 되고, 행동과 간증으로 나타나는 것입니다. 이 공식을 기억해야 합니다.

사랑을 놓고 생각해 봅시다. 사랑해야 하는 줄 알면서도 사랑할 힘이 없다면 어떻게 해야 좋을까요? '그래도 사랑해야지!'라고 답한다면, 이것은 율법입니다. 사랑할 수도 없습니다. 오히려 내가 사랑을 받고 있다는 사실을 자꾸 확인해야 가능합니다. '하나님이 자격 없는 나를 너무나 사랑하셨구나. 내가 이런 사랑을 받다니!' 이 말씀을 가슴에 담고 감격하며 입으로 고백하다 보면, 나도 모르게 사랑할 힘이 생겨나고, 사랑에 응답하는 사람이 되는 것입니다.

선뿐만 아니라 악도 마찬가지입니다. 독일의 수도사 토마스 아 켐피스(Thomas a Kempis)는 악의 성장 과정을 이렇게 설명했습니다. 첫째, "악은 보고 듣는 데서부터 시작한다." 죄인은 좋지 않은 말을 듣고, 나쁜 것을 보고, 부정적인 것에 관심을 갖습니다. 둘째, "이렇게 보고 들은 것이 마음속에 기억된다." 내 머리에 녹음이 되고, 그 영상이 녹화되어 그대로 남습니다. 셋째, "이제 그것이 욕구로 변한다." 보고 들은 것이 마음속에 자꾸 들리고 보이면서 그것을 상상하고 원하게 됩니다. 넷째, "그것이 마침내 행동으로 나타난다." 이렇게 듣고 보는 것, 기억하는 것, 소원하는 것, 행동하는 것은 4단계를 거칩니다. 그러니까 '무엇을 듣고 보는가'가 중요합니다.

말씀을 들을 때 주의할 것

하나님의 말씀을 들을 때 주의할 것이 있습니다. 오늘 주신 말씀이 특별히 나에게 주신 것임을 믿어야 합니다.

> 내가 네게 여호와를 의뢰하게 하려 하여 이것을 오늘 특별히 네게 알게 하였노니 잠 22:19

말씀을 붙잡고 하나님께 나오면 역사가 일어납니다. 그러므로 귀로만 듣지 말고 영으로 들어야 합니다. 영으로 듣는다는 의미가 무엇일까요? 아주 쉽게 설명하면, 나 혼자 있을 때 하나님이 직접 나타나셔서 나에게 이 말씀을 하신다는 마음으로 들으라는 것입니다. 설교자가 다수의 사람들에게 말씀을 전한다고 생각하지 말고, 하나님이 친히 나에게 말씀하신다는 자세로 들으라는 것입니다. 왜냐하면 이 말씀은 내가 진리를 깨닫고 그 길로 가도록 나를 위해 기록됐기 때문입니다("내가 모략과 지식의 아름다운 것을 너를 위해 기록하여" 20절). 그러므로 화답해야 합니다("네가 진리의 확실한 말씀을 깨닫게 하며 또 너를 보내는 자에게 진리의 말씀으로 회답하게 하려 함이 아니냐" 21절). 그러므로 하나님을 향해서 우리가 가질 태도는 말씀을 잘 듣고, 마음에 새기며, 그것을 소원하고 말씀대로 행하는 것입니다. 오늘 나에게 주신 말씀에 화답하는 것이 하나님 앞에서 우리가 해야 할 일입니다.

사람 앞에서 해야 할 일은

그러면 사람 앞에서 해야 할 일의 원칙은 무엇일까요? 첫째, 사람을 차별하거나 압제하면 안 됩니다("약한 자를 그가 약하다고 탈취하지 말며 곤고한 자를 성문에서 압제하지 말라" 22절). 차별하거나 압제하면 하나님이 손을 보겠다고 하십니다("대저 여호와께서 신원하여 주시고 또 그를 노략하는 자의 생명을 빼앗으시리라" 23절). 둘째, 분노가 많은 사람을 가까이 하지 않아야 합니다("노를 품는 자와 사귀지 말며 울분한 자와 동행하지 말지니" 24절). 분노를 품은 사람을 나도 닮아가기 때문입니다("그의 행위를 본받아 네 영혼을 올무에 빠뜨릴까 두려움이니라" 25절). 영혼이 올무에 빠지기 때문에 가까이하지 말고 안전한 사람을 사귀어야 합니다. 그러면 어떤 사람이 안전할까요? 하나님의 말씀을 잘 듣고 화답하는 사람입니다. 감사하고 기뻐하며 긍정적인 사람과 가까이하면서 일하는 것입니다. 마지막으로 정직히 행해야 합니다("네 선조가 세운 옛 지계석을 옮기지 말지니라" 28절). 땅을 측량하고 나면 어디서부터 어디까지가 나의 땅인지 표시합니다. '지계석'은 땅의 경계 표시를 하기 위하여 세운 돌로서 절대 옮기면 안됩니다. 나의 영역을 넘어서면 다른 사람의 권리를 침해하는 것이니 정직히 행해야 합니다.

자기 일에 능숙한 사람

우리는 주어진 일을 하는데, '주어진 일'에 대한 오해가 많습니다. 사람들은 뭔가 큰일, 위대한 일, 멋진 일을 해 보려고 합니다. 그런 일을 통해 자기 가치를 확인하려고 합니다. 그런데 우리가 하는 대부분의 일은 작은 일처럼 보입니다. 여기서 우리가 알아야 할 것이 있습니다. 위대한 일과 평범한 일이 따로 있는 것이 아닙니다. 작은 일이라도 하나님을 사랑하는 마음으로, 감사하면서 정성을 다해 한다면 그 일은 평범한 일이 아니라 위대한 일이 되는 것입니다. 이것을 제대로 알면 어떤 일을 하더라도 교만하지 않고, 낙심하지 않을 수 있습니다.

네가 자기의 일에 능숙한 사람을 보았느냐 이러한 사람은 왕 앞에 설 것이

요 천한 자 앞에 서지 아니하리라 잠 22:29

왕 앞에 서는 것은 명예로운 일입니다. 더욱 중요한 것은 왕 중의 왕이신 하나님께 칭찬을 받게 된다는 것입니다. 어떤 사람이 칭찬을 받을까요? 큰일을 한 사람일까요? 아닙니다. 작더라도 자기 일에 능숙한 사람이 왕 앞에 서게 됩니다.

예전에 교회 일을 끝내고 늦게 퇴근을 하던 길이었습니다. 아내가 처갓집에 가 있겠다고 해서 거기로 갔는데, 자정이 넘은 시간이라 벨을 누르기가 조심스러웠습니다. 그런데 무심코 손잡이를 당겼더니 열려 있었습니다. 거실에 불도 환하게 켜져 있고 해서 무슨 일인가 했더니, 장모님이 고추장을 담고 계셨습니다.

"아유, 피곤해서 어째? 교회 일이 많은가 보지?"

장모님이 반갑게 맞이하셨습니다.

"뭘요. 그런데 이 늦은 시간에 뭐하십니까?"

"3월 삼짇날까지는 고추장을 담가야 하는데 오늘이 삼짇날이니 늦더라도 끝내야지."

"그만 주무시고 내일 하시면 안 됩니까?"

"내일은 또 내일 할 일이 있지. 어디 끝이 있나? 살림 제대로 하려면 표도 안 나고 할 일이 많은 법이야."

"어머니, 하늘나라에 가면 말입니다. 늦게까지 장 담그고, 빨래하고, 남편과 자식들 잘 돌보기 위해서 애쓰는 모든 일이 교회를 세우는 일보다 상이 더 클지도 모릅니다. 왜냐하면 더 순수한 마음으로,

알아주지 않는 일을 기쁨으로 했기 때문입니다."

"정말 그럴까? 집에서 하는 사소한 일도 하나님은 아시겠지?"

"그럼요. 음식 간을 맞추려고 수없이 맛을 보는 정성, 보이지 않는 구석구석 걸레질하는 수고를 누가 알겠어요? 하나님만 아시지요. 더 중요한 것은 어떤 마음으로 했는지도 하나님이 아신다는 겁니다. 하나님 앞에 작은 일은 없습니다. 하나님을 바라보며 사랑과 정성과 감사로 일했다면 그 일은 위대합니다."

설교학에 "설교자는 청중보다 위대한가?"라는 말이 있습니다. 설교자와 청중은 그 소명의 질에 있어서는 동등합니다. 설교자는 전하는 자리에 있고, 청중은 듣는 자리에 있지만, 하나님 앞에서 그 지위는 똑같습니다. 아니, 어쩌면 준비가 부족하고 하나님 앞에서 말씀을 전하는 자세가 확립되지 못한 설교자보다 하나님이 나에게 주시는 말씀이라고 '아멘'으로 받는 청중이 더 위대할 수 있습니다.

교회에서 행사를 진행하다 보면, 앞에 나가서 프로그램을 이끄는 분도 있고, 뒤에서 조용히 기도하는 분도 있습니다. 또 땀 흘리며 주방 안에서 음식을 준비하는 분도 있습니다. 누가 더 위대한 일을 하는 것일까요? 내가 하는 이런 작은 일이 교회에 도움이 될까, 하나님 앞에 가치 있는 일을 하는 것일까 의문이 생길 때도 있습니다. 하지만 하나님 앞에 작은 일이란 없습니다. 한 번의 대표기도를 위해서 기도문을 몇 번씩 종이에 쓰고 지웠던 소중한 마음, 강단에 어떤 꽃을 꽂을까 고민하는 마음, 차 한 잔을 정성껏 가져다주는 수고, 덥고 힘들지만 웃으며 안내하는 모습. 그 수고를 하나님이 모르실 거라고 생각합니까? 작은 일이라고 하실까요?

우리는 큰일을 하지 못합니다. 작은 일을 할 뿐입니다. 그러나 나는 작은 일밖에 할 수 없다고 스스로 초라하게 생각하지 마세요. 작은 일을 사랑과 충성으로 감당하면 그 일은 위대한 일이 되는 것입니다.

우리가 일생의 수고를 마치고 하나님 앞에 위대한 업적을 가지고 서는 것이 아닙니다. 나에게 주어졌던 아주 작은 순간들, 그 평범한 일을 가지고 설 것입니다. 하나님을 사랑하는 마음을 가지고 성실과 감사로 그 일을 했다면 위대한 일이 되는 것이고, 하나님이 그 수고에 대하여 칭찬해 주실 것입니다.

함께 이야기하기

1. 주어진 일들을 행동으로 옮길 때 거쳐야 하는 4단계는 무엇인가요?

2. 내가 해 보고 싶은 위대한 일이나 내가 생각하는 위대한 일들이 있다면 나눠 봅시다.

3. 하나님이 정말 위대하게 여기시는 일들에는 무엇이 있을까요? 하나님의 위대한 일들을 하기 위해 우리가 놓치지 않아야 하는 것들은 무엇인가요?

함께 기도하기

살아 계신 하나님!
오늘도 우리에게 말씀해 주셔서 감사합니다.
하나님의 말씀을 듣는 것이
하나님을 위해 일하는 시작임을 알게 하소서.
말씀을 잘 듣고 마음에 새기며, 그것을 소원하고,
행동으로 실천하게 하소서.
나를 사랑해서 주시는 말씀에 화답하게 하소서.
위대하고 큰 일에 마음을 빼앗기지 않고,
작은 일을 귀하게 여기며 평범한 일을 잘 감당하는
위대한 사람들이 되게 하소서.

잠 23:1-12

1 네가 관원과 함께 앉아 음식을 먹게 되거든 삼가 네 앞에 있는 자가 누구인지를 생각하며
2 네가 만일 음식을 탐하는 자이거든 네 목에 칼을 둘 것이니라
3 그의 맛있는 음식을 탐하지 말라 그것은 속이는 음식이니라
4 부자 되기에 애쓰지 말고 네 사사로운 지혜를 버릴지어다
5 네가 어찌 허무한 것에 주목하겠느냐 정녕히 재물은 스스로 날개를 내어 하늘을 나는 독수리처럼 날아가리라
6 악한 눈이 있는 자의 음식을 먹지 말며 그의 맛있는 음식을 탐하지 말지어다
7 대저 그 마음의 생각이 어떠하면 그 위인도 그러한즉 그가 네게 먹고 마시라 할지라도 그의 마음은 너와 함께하지 아니함이라
8 네가 조금 먹은 것도 토하겠고 네 아름다운 말도 헛된 데로 돌아가리라
9 미련한 자의 귀에 말하지 말지니 이는 그가 네 지혜로운 말을 업신여길 것임이니라
10 옛 지계석을 옮기지 말며 고아들의 밭을 침범하지 말지어다
11 대저 그들의 구속자는 강하시니 그가 너를 대적하여 그들의 원한을 풀어 주시리라
12 훈계에 착심하며 지식의 말씀에 귀를 기울이라

3

행복한 식탁이
회복의 열쇠입니다

이스라엘의 음식철학

이스라엘 사람들의 음식철학에 의하면 음식은 몇 가지 특징을 가집니다.

첫째, 음식은 하나님이 주시는 은혜입니다. 농부가 밭을 갈고 씨를 뿌리지만 자라서 열매를 맺게 하시는 분은 하나님입니다. 주렁주렁 열린 과일, 넓은 들에 익은 곡식을 사람이 자라게 할 수 있습니까? 인간은 거두고 가공하여 먹을 뿐, 절대로 양식을 생산하지 못합니다. 이것을 알게 하려고 주신 것이 '만나'입니다. 광야 40년 동안 하늘에서 음식이 내렸습니다. 이스라엘 사람들은 너무나 신기해서 "만나!"라고 외쳤습니다. 히브리말로 "이게 도대체 무엇이냐?"란 뜻입니다. 모든 양식은 하나님이 인간에게 내린 선물이요, 우리는 그것을 먹고 살아가는 존재입니다. 다시 말하면 양식에 의존하며 살아갈 수밖에 없는 인간은 하나님의 은혜가 절대적으로 필요한 존재라는 것입니다. 이것이 만나의 의미입니다.

둘째, 음식을 먹는 시간은 생명을 이어 가는 시간입니다. 야채든 과일이든 고기든 살아 있는 것을 죽여서 먹습니다. 내 생명을 유지하기 위해 누군가가 죽어야 합니다. 그러므로 아주 거룩하고 소중한 시간입니다. 때문에 감사한 마음으로, 음식에 부끄럽지 않게 먹어야 합니다. 그래서 이스라엘 사람들은 식사를 아주 거룩한 예식으로 생각했으며, 음식을 먹기 전에 손을 씻었습니다. 우리가 생각하는 위생 때문이 아니라 거룩한 예식이기 때문에 정결예식을 행한 것입니다. 그들은 식사를 배고픔을 해결하는 시간으로 생각하지 않고 하루 중에서 가장 좋은 시간, 가장 중요한 시간으로 여겼습니다. 음식을 정성껏 잘 준비해서 온 가족이 함께 감사의 기도를 드리고, 즐겁게 먹으면서 대화를 나누었습니다. 식탁에서 신앙교육과 가정교육이 이루어졌습니다.

그런데 예수님은 음식에 대해 뭐라고 하셨을까요? 요한복음 6장에서 "나는 생명의 떡이다. 영생하는 양식이다. 하늘에서 내려온 살아 있는 떡이다. 내 살은 참된 양식이요 내 피는 참된 음료다" 말씀하셨습니다. 예수님이 '진정한 양식'이라는 것입니다. 육신이 음식을 먹어야 살듯이 우리 영혼은 예수님이라는 양식을 먹어야 삽니다. 그러므로 예수님을 생명의 양식으로 받아들이지 않으면 진정한 음식을 모르는 사람이고, 세상에서 아무리 맛있는 음식을 먹었어도 진정한 음식을 먹어 보지 못한 사람인 것입니다.

그러면 음식은 어떻게 먹어야 할까요? 또 누구와, 무엇을 위해 먹어야 할까요? 잠언 말씀은 이스라엘 사람들의 음식문화를 통해 탐심에 대해 경고하고 있습니다.

어떻게 먹을 것인가

네가 만일 음식을 탐하는 자이거든 네 목에 칼을 둘 것이니라 잠 23:2

'어떻게 먹어야 하는가'의 질문은 음식의 육적인 측면에서 시작됩니다. 성경은 탐식하지 말라고 경고합니다. 그렇다면 탐식이 무엇일까요?

현대인들의 질병이 대부분 스트레스 때문이기도 하지만, 음식 때문에 오는 경우도 많습니다. 음식 문화가 '슬로푸드'가 아니라 '패스트푸드'로 가고 있습니다. 패스트푸드에는 영양이 골고루 들어 있지 않기에 먹어도 허기집니다. 거기다 광고를 통해 계속해서 노출시켜 자극합니다. 그로 인해 패스트푸드를 자주 즐겨 먹게 됩니다. 당연히 살도 찌게 마련입니다. 살을 빼려면 또 돈을 써야 합니다. 돈 주고 살찌는 음식을 먹고, 살 빼는 데 또 돈이 들어갑니다. 여기에 말려들지 않으려면 간단합니다. 슬로푸드를 적당히 먹으면 됩니다.

제가 아팠을 때, 음식에 관한 책을 많이 읽었습니다. 건강하려면 맨 먼저 무엇을 해야 하는지 아십니까? 답은 "내 몸의 첫 작품을 잘 만들어야 한다"입니다. 내 몸의 첫 작품이 뭘까요? '변'입니다. 좋은 똥을 만드는 것이 건강해지는 비결입니다. 내 작품을 보면 내가 무엇을 먹었는지, 내 몸에 맞는 음식을 먹었는지, 너무 많이 먹었는지, 어떻게 먹어야 하는지 알 수 있습니다. 충분히 음식을 조절할 수 있게 되어 있습니다. 탐식하지 않으려면 어떻게 해야 할까요? 세 가지가 중요합니다.

첫째, 물을 충분히 마셔야 합니다. 우리 몸은 대부분 수분으로 이루어져 있습니다. 몸에 가장 필요한 것이 물입니다. 물을 충분히 마시되, 식사 중에는 물을 많이 마시지 말아야 합니다. 이집트에 가서 라마단 지키는 것을 보았는데, 한 달 동안 낮에는 금식하고 해가 지면 먹기 시작해서 밤새 먹습니다. 엄청나게 먹는데, 위장병이 없는 게 신기했습니다. 그 이유는 음식을 먹을 때 물을 거의 마시지 않아서였습니다. 대신 과일이나 야채를 먹습니다. 한국 사람에게 유난히 많은 병이 위장병입니다. 세계 최고입니다. 빨리, 많이, 뜨겁게 물과 함께 먹어서 그렇습니다. 식사할 때 물을 먹으면 소화액이 묽어져 소화가 잘 되지 않습니다. 그리고 풍선에 물을 넣으면 축 늘어지는 것처럼 위도 밑으로 처지기 때문에 힘차게 움직이지 못합니다. 식사할 때는 물의 양을 줄여야 합니다. 대신 식사하기 30분 전이나 후에 마시면 됩니다.

물대신 커피나 다른 음료를 마셔도 안 됩니다. 생수로 2리터는 마셔야 합니다. 나이가 들수록 몸에 수분이 부족해 건조해지므로 물을 충분히 마셔야 합니다. 그것도 찬물이 아니라 따뜻한 물이 좋습니다. 찬물을 마시더라도 약간만 차가워야 합니다. 옛날에는 여름에 수박을 시원하게 먹으려고 우물에 담가두곤 했습니다. 그 우물 온도가 18℃ 정도입니다. 냉장고 온도가 5℃ 정도인데 냉장고에 넣어둔 물을 "캬, 시원하다!" 하며 마시는 건 내 몸에 폭력을 행사하는 것입니다.

둘째, 과식하지 말아야 합니다. 위장의 70%만 먹으면 됩니다. 조금만 덜 먹으면 속이 편하고 몸도 가벼우며 훨씬 건강할 수 있습니다.

마지막으로 천천히 먹어야 합니다. 한국 사람들은 정말 빨리 먹습니다. 충분히 씹어서 음식물에 침을 섞어 먹으면 속이 편한데, 빨리 먹으니 소화를 시키느라 고생합니다. 꼭꼭 씹어 먹는 것이 얼마나 중요합니까? 농약이 좀 있어도 꼭꼭 씹어서 침을 잘 섞어 먹으면 해독이 된다고 합니다.

음식을 먹는 순서도 중요합니다. 물과 커피 중 어느 것부터 마셔야 효과적일까요? 커피 먼저 마시면 이뇨작용 때문에 먹은 물도 다 빠져나옵니다. 그래서 몸에 탈수 현상이 옵니다. 그러므로 어떤 음식보다도 물을 먼저 마시는 것이 좋습니다. 그다음에는 소화가 빨리 되는 순서로 음식을 먹으면 됩니다.

교황 그레고리우스 1세는 식탐을 큰 죄라고 했습니다. 그래서 수도사는 식탐에서 벗어나야 한다면서 식탐의 종류를 5가지로 분류했습니다. 급하게 먹는 '속식', 게걸스럽게 먹는 '탐식', 지나치게 많이 먹는 '과식', 까다롭게 먹는 '미식', 사치스럽게 먹는 '호식'입니다. 여기에 빠지면 판단력이 흐려져서 다른 범죄를 초래할 수 있다고 보았습니다. 그러므로 "네가 음식을 탐한다면 네 목에 칼을 두라"고 성경은 경고하는 것입니다.

누구와 함께 먹을 것인가

좋은 음식을 먹는 것도 중요하지만 이 음식을 '누구와 먹어야 하는가'는 더 중요합니다. 왜냐하면 음식을 통해 교제가 이루어지기 때문입니다. 그러므로 내가 지금 누구와 먹는가를 의식해야 합니다.

> 네가 관원과 함께 앉아 음식을 먹게 되거든 삼가 네 앞에 있는 자가 누구인지를 생각하며 잠 23:1

여기서 "관원"은 힘 있는 관리를 말합니다. 나보다 높은 사람, 존경하는 사람, 나이 많은 사람과 함께 먹는 것입니다. 먹는 모습을 보면 내가 어떤 사람인지 다 드러납니다. 교양과 예절을 갖추어서 먹어야 음식 때문에 나쁜 평가를 받지 않습니다. 단순히 배를 채우는 것이 목적이 아니기 때문입니다.

네 사람이 함께 식사를 하는데, 갈치구이가 네 토막 나왔습니다. 그러면 나는 한 토막을 먹어야 합니다. 그런데 어느 사람이 "어머, 내가 갈치를 엄청 좋아해요!" 하면서 세 토막을 먹는다면 나머지 사람들은 어떻게 생각할까요? 식사 자리에서도 나의 모습이 평가될 수 있다는 것을 기억해야 합니다.

또 하나는 이 음식의 성격이 무엇인가를 생각해야 합니다("그의 맛

있는 음식을 탐하지 말라 그것은 속이는 음식이니라"3절). 음식의 성격이 다양하기 때문입니다. 악한 마음으로 베푼 음식, 속이는 음식이 있습니다. '누가 베푸는가? 왜 베푸는가?' 생각하지 않고 좋은 식사 자리라고 무조건 먹으면 큰일이 납니다. 내가 가야 할 자리인지, 무슨 의도가 있는 건 아닌지 분별할 필요가 있습니다.

무엇을 위해 먹을 것인가

'무엇을 위해 먹을 것인가'는 음식의 영적인 측면입니다. 잠언 23장 1-3절에서의 식사 자리는 나쁜 목적으로 모인 자리입니다. 잘못된 자리에서 타락한 식사를 하고 있습니다. 그 이유가 무엇일까요? 부자 되기를 애쓰기 때문입니다("부자 되기에 애쓰지 말고 네 사사로운 지혜를 버릴지어다" 4절). 사사로운 지혜, 다시 말하면 부자가 되기 위해 잔꾀를 부리기 때문입니다. 정말 애써야 할 것은 무엇일까요? 재물은 하나님의 선물이므로 하나님의 은총을 구해야 합니다. 하지만 어떻게 해서라도 부자가 되려는 욕심은 잘못된 자리에도 앉게 합니다.

그런 잔꾀에 대해 하나님은 '허무하다'고 평가하십니다("네가 어찌 허무한 것에 주목하겠느냐 정녕히 재물은 스스로 날개를 내어 하늘을 나는 독수리처럼 날아가리라" 5절). 아무리 몸부림치며 스스로 부자가 되려고 해도 그런 재물은 날개가 달려서 날아갈 것입니다.

'돈만 있으면 안심할 수 있어. 대대로 잘 먹고 잘살 수 있겠지. 얼마든지 내 미래가 견고하겠지'라고 생각할 수 있습니다. 그러나 하나님이 불어 버리면 그 모든 재물이 독수리처럼 신속히 멀리 날아가 버릴 것입니다. 그러므로 재물을 믿지 말아야 합니다. 재물 때문에 안심하고, 그것 때문에 죄를 짓고, 그런 자리에 앉아서 그런 목적으로 식사를 하지 말아야 합니다.

> 대저 그 마음의 생각이 어떠하면 그 위인도 그러한즉 그가 네게 먹고 마시라 할지라도 그의 마음은 너와 함께하지 아니함이라 잠 23:7

성경은 마음을 같이할 수 있는 사람이 아니라면 같이 먹지 말라고 말합니다. 그렇게 먹은 것은 어떻게 될까요? 토할 수밖에 없습니다("네가 조금 먹은 것도 토하겠고 네 아름다운 말도 헛된 데로 돌아가리라" 8절). 아름다운 말도 헛된 데로 돌아가고 지금까지 쌓아 온 명예와 신용이 모두 사라질 것입니다.

그런데 왜 나에게 함께 먹자고 했을까요? 좋지 않은 이유 때문입니다("옛 지계석을 옮기지 말며 고아들의 밭을 침범하지 말지어다" 10절). 앞에서 지계석은 땅의 경계선을 표시하는 돌로서 옮겨서는 안 된다고 말씀드렸습니다. 재산 문제가 생기기 때문입니다. 그런데 관원이 불러서 밥을 먹이며 말합니다. "자네 그 지계석 알지? 부탁인데 그것을 옮겨 줄 수 있겠나? 별것도 아냐. 돌 하나를 옮겨 놓는 것뿐이야. 내가 뒤처리는 다 할 테니 몇 사람 불러서 조용하게 처리해. 만약 문제가 생기면 원래부터 그 자리에 있었다고 하면 돼. 알았지?" 그런데 그 관원은 누구의 땅을 빼앗으려 합니까? 고아의 것입니다. 힘없는 사람들의 권리를 침해하는 것입니다. 다른 사람을 해하고 죽이는 일을 해서는 안 됩니다. 그러나 얻어먹으면 쉽게 넘어갑니다.

왜 그런 일을 하지 말아야 할까요? 하나님이 그들을 보호하시기 때문입니다("대저 그들의 구속자는 강하시니 그가 너를 대적하여 그들의 원한을 풀어 주시리라" 11절). 범죄에 가담하고 힘없는 사람의 것을 빼앗으면 하나님이 보응하십니다.

> 훈계에 착심하며 지식의 말씀에 귀를 기울이라 잠 23:12

하나님은 돈에 마음을 두지 말고 말씀에 귀를 기울이라고 하십니다. 그렇지 않으면 탐식하게 되고, 함께 먹지 말아야 할 사람과 먹게 되며, 재물의 유혹에 빠져서 범죄하게 됩니다.

음식을 먹는 시간은 가장 행복하고 아름답고 소중합니다. 주님이 축복하시는 식탁에 앉아서 사랑하는 사람과 함께 생명을 이어 가는 중요한 시간입니다. 현대인들이 잃어버린 행복한 식탁이 회복되길 바랍니다. 하나님 보시기에 아름다운 자리, 복된 자리가 되길 기도합니다.

함께
이야기하기

1   나의 식사 습관은 어떠한가요? 식사 습관 중에 고쳐야 할 것이 있다면 나눠 봅시다. 혹은 5가지 식탐 중에서 고쳐야 할 것이 있다면 무엇인가요?

2   나는 주로 어떤 사람들과 식사하나요? 식사 자리를 통해 어떤 이야기들을 주로 하나요?

3   만약 식사 자리를 통해 잘못된 부탁을 받게 된다면, 어떻게 행동해야 할까요?

함께
기도하기

날마다 우리에게 양식을 주시는 하나님!
우리는 결코 양식을 생산하지 못하는 존재임을 고백합니다.
그러나 좋은 음식을 풍성히 주시니 감사합니다.
건강한 식욕과 소화력을 주셔서 잘 먹고 잘 소화하게 하소서.
그러나 탐식하지 않게 하소서.
혼자 외롭게 먹지 말고, 더불어 먹는 행복을 주소서.
음식에 부끄럽지 않은 인생을 살게 하소서.
하나님이 기뻐하시는 일을 하기 위해 먹고 마시게 하소서.

잠 23:13-19

13 아이를 훈계하지 아니하려고 하지 말라 채찍으로 그를 때릴지라도 그가 죽지 아니하리라
14 네가 그를 채찍으로 때리면 그의 영혼을 스올에서 구원하리라
15 내 아들아 만일 네 마음이 지혜로우면 나 곧 내 마음이 즐겁겠고
16 만일 네 입술이 정직을 말하면 내 속이 유쾌하리라
17 네 마음으로 죄인의 형통을 부러워하지 말고 항상 여호와를 경외하라
18 정녕히 네 장래가 있겠고 네 소망이 끊어지지 아니하리라
19 내 아들아 너는 듣고 지혜를 얻어 네 마음을 바른 길로 인도할지니라

4

자녀의 미래를 위해
훈계를 아끼지 마세요

자녀에게 물려줘야 할 가장 중요한 것

어느 부모님이 고등학교에 다니는 아들에게 물었습니다.
"너는 대학에서 뭘 전공하고 싶니?"
그러자 아들은 말했습니다.
"돈을 제일 많이 버는 학과에 가고 싶어요."
"돈 많이 벌어서 어디에 쓰려고?"
"돈 많으면 최고죠. 저는 돈을 많이 벌어 운동장같이 넓은 아파트에 살면서, 제일 좋은 승용차를 타고 다닐 거예요."

부모님은 충격을 받았습니다. 부족한 것 없이 키웠는데, 주일학교에도 열심히 보냈는데, 아들은 어째서 이런 얘기를 서슴없이 하는 것일까요? 부모님은 이렇게 말했습니다.

"그동안 자식의 몸만 키웠지 마음을 키우지 못했어요. 어떻게 사는 것이 올바른지, 무엇을 위해 살아야 하는지, 가치관 교육을 너무 소홀히 했습니다. 이제 어떻게 하면 좋지요?"

많은 부모가 자녀를 위해 뭐든지 해 주려고 애쓰지만, 정말 중요한 가치관 교육은 거의 손을 놓고 있습니다. 부모와 자녀가 서로를 이해하지 못하고, 더 나아가서 대화조차 못 하는 가정이 너무도 많습니다. 자녀의 공부에만 신경 쓰고, 교육을 학교에만 맡기면 될까요? 아닙니다. 인생에서 최초의 학교, 가장 중요한 학교는 가정입니다. 아이에게 최초의 교사, 가장 중요한 교사는 부모입니다.

"우리 아이는 집에서 아무 말도 하지 않습니다. 그래서 말수가 적은 줄 알았는데, 친구들과 만나면 말도 잘하고, 고민도 다 털어놓는다고 합니다. 왜 그럴까요?" 저는 이런 질문을 많이 받습니다. 그 이유는 간단합니다. 가정 안에서 자유롭고 서로를 존중하는 대화가 이뤄지지 않기 때문입니다. 자녀들이 느끼는 불안과 갈등을 자연스럽게 털어놓을 수 있고, 공감을 받는 분위기가 없기 때문입니다. 가족이 둘러앉아 하루 중에 일어난 일들을 서로 이야기하는 분위기가 될 수 있도록 부모님이 모범을 보이면 자녀들은 저절로 자기 얘기를 하게 되어 있습니다.

교육방법보다 더 중요한 것은 교육의 내용입니다. 자녀에게 어떤 가치관을 심어 주어야 할까요? 세상 가치관이 아니라 성경적 가치관을 심어 주어야 합니다. 성경적 가치관만이 세상을 바로 보게 해 주고, 인간의 이기주의를 억제시키면서 도덕에 순응할 수 있는 에너지를 공급하며, 성숙한 인간이 되게 합니다.

탈무드는 "당신은 자녀에게 무엇을 물려주고 싶은가?" 묻습니다. 대답은 이렇습니다. "내가 부모로부터 물려받은 정신을 물려주기

원하노라." 올바른 가치관, 신앙적 가치관을 물려주는 것이 진정한 유산입니다. 돈이나 땅이 아니라 부모에게 받은 말씀, 말씀을 실천하며 살아온 경험을 더해서 자녀에게 가르치는 것입니다.

부모의 인생 교훈, 다시 말하면 부모의 인생 스토리는 자식에게 가장 소중합니다. 아버지가 어떻게 살아왔는지, 어떻게 역경을 헤쳐 나왔는지, 고난 가운데 하나님이 어떻게 역사하셨는지, 그 과정을 통해 어떻게 성숙한 사람이 되었는지를 가르쳐야 합니다. 돈이 있든 없든, 성공했든 실패했든 상관없습니다. 자기가 인생에서 많은 대가를 지불하고 배운 바를 가르쳐야 합니다. 하나님이 부모에게 베푸신 은혜를 자녀에게 전달하지 않으면 그 역사는 사장되고 맙니다. 그것을 자녀에게 전하지 않으면 은혜의 단절이 생깁니다. 부모에게 베푸신 은혜를 전할 때 그 이야기는 자녀의 역사로 이어질 것입니다.

사사기에는 "그 후에 일어난 다른 세대는 여호와를 알지 못하며 여호와께서 이스라엘을 위하여 행하신 일도 알지 못하였더라"(삿 2:10)라고 기록되어 있습니다. 왜 이런 일이 일어났을까요? 훈계를 통해 가르치지 않았기 때문입니다. 아이들이 어렸을 때 가르치십시오. 있는 그대로 자기의 사건으로 받아들이기 때문에 더 좋습니다.

어느 날 설교를 준비하고 있는데 아들이 와서 무슨 내용을 준비하냐고 물었습니다. 훈계에 대한 내용이라고 했더니 이렇게 말했습니다.

"아빠가 저에게 훈계하셨던 것 중에서 가장 기억나는 것은 '하나님이 너의 진정한 아빠다'라는 말이었어요. 아빠는 '진정한 너의 아빠는 하나님이시고, 나는 하나님이 너의 아빠 노릇을 잘하라고 보낸 심부름꾼이다. 그래서 나는 하나님께 충성하는 마음으로 아빠 노릇을 잘하려고 한다. 내가 부족한 게 많고 못 해 주는 것이 있어도 너는 우리 아빠가 힘이 없어서 그렇다고 말하지 말고, 너의 진정한 하나님 아빠에게 말씀드리면 된다'고 하셨어요. '아빠는 어렸을 적에 육신의 아빠가 없어서 외로웠어. 그래서 하나님 아버지께 기도할 때마다 하나님은 들어 주셨단다. 하나님은 진정한 아빠이기 때문에 간절히 부르짖을 때 마음이 약해지셔서 다 들어주셨다'고 하셨잖아요. 그 말을 듣고 참 위로가 되었어요. 제가 어릴 때 들은 이야기인데 아직도 기억이 나요. 많은 아빠가 아들에게 위협을 하잖아요? 아빠가 없으면 어떻게 살 거냐면서 말을 잘 들으라고 하지요. 그러나 저에게는 그럴 일이 없죠. 하나님 아빠는 언제나 계시니까요. 정말 제 짐이 가벼워졌어요."

자녀가 부모의 경험과 가르침을 받아들일 때, 자녀는 부모의 인생을 다시 반복하지 않고 발전해 갈 수 있는 것입니다.

부모의 경험과 교훈을 가르치는 방법

그러면 자녀에게 부모의 경험과 교훈을 어떻게 가르칠까요?

> 아이를 훈계하지 아니하려고 하지 말라 채찍으로 그를 때릴지라도 그가 죽지 아니하리라 잠 23:13

어떤 일이 있어도 자녀를 훈계하라고 합니다. 훈계란 윗사람이 아랫사람을 가르치는 것입니다. 여기서는 부모가 자녀를 교육하기 위해 사용하는 여러 가지 교육 수단을 종합하여 '훈계'라고 합니다. 많은 분이 훈계를 부정적인 개념으로 생각하는데, 아닙니다. 칭찬도 격려도 위로도 꾸중도 다 포함하는 폭넓은 개념입니다.

부모의 역할은 돈을 벌어서 먹이고 입히면 끝나는 것이 아닙니다. 반드시 자녀를 훈계해야 합니다. 자기의 삶으로 고백된 지혜를 자녀에게 훈계를 통해 들려주어야 합니다. 학교 공부가 있고, 학원 공부가 있고, 가정에서 부모님에게 배우는 공부가 있습니다. 이것을 공교육, 사교육, 가정교육이라고 합니다. 이 중에서 가장 중요한 것이 가정교육입니다.

그러면 왜 훈계를 해야 할까요? 독일의 철학자 칸트(Immanuel Kant)의 교육이론을 보면, "인간이 신이라면 교육은 불필요하고, 인간이 짐승이라면 교육은 불가능하고, 인간이 인간이므로 교육이 가능하고 또 필요하다"라고 합니다.

아무리 잠재력이 많다고 해도 배우지 않으면 사장될 뿐입니다. 인도에서 한 늑대 아이가 발견된 적이 있습니다. 어미 늑대가 홀로 숲에 있던 그 아이에게 젖을 먹이고 보살펴 주었습니다. 발견 당시 그는 늑대처럼 울고, 소리 지르며 뛰어다녔다고 합니다. 늑대처럼 야행성에 후각이 매우 발달했으며, 늑대의 습성을 갖고 있었습니다. 사람들이 그 아이가 인간세계에서 살도록 옷을 입히고, 밥을 먹이고, 두 발로 걷게 하고, 말을 가르쳤습니다. 7년을 늑대와 함께 살아온 아이가 온전히 인간의 삶의 방식을 따르긴 쉽지 않았습니다. 서서히 말을 배우고 적응해 가던 아이는 9년 정도를 인간세계에서 살다 병으로 세상을 떠나고 말았습니다. 이렇듯 인간은 환경과 교육에 큰 영향을 받습니다.

어느 고등학교 선생님이 처음 교사가 되었을 때 경험한 이야기를 들려주었습니다. 인사를 안 하는 아이들이 너무 많아서 '뭐 이런 애들이 다 있지? 고등학생들인데 어째서 인사도 안 하지?' 생각했습니다. 그런데 사실 아이들은 인사를 안 한 것이 아니었습니다. 자기 나름대로 했는데 선생님이 못 본 경우도 있고, 배우지 못해서 못한 경우도 있다는 것을 알게 되었습니다. 그래서 이렇게 가르쳤습니다.

"인사를 하려면 먼저 나를 향해 걸어와서, '선생님!' 하고 불러야 한다. 그래야 내가 너를 쳐다볼 것 아니니? 내가 너를 쳐다보면 너도 눈을 마주친 다음에 약간 웃으면서, 그다음에 정확하게 고개를 숙이며 '안녕하세요?' 인사하면 된단다."

이렇게 구체적으로 말하니까 학생들이 인사를 했습니다. 내가 바라는 대로 상대방이 행동하지 않습니다. 상대방이 해야 하는 것들을 정확하게 가르쳐야 합니다.

어느 권사님은 외아들을 결혼시키고 혼자 살았는데, 어느 날 심한 몸살을 앓아 먹지 못하자 아들을 불러 먹을 것을 사 달라고 부탁했습니다. 그런데 아들이 피자를 사 왔다고 합니다. 권사님이 기가 막혀서 "이 녀석아, 아픈데 이걸 어떻게 먹니?" 하자, "이렇게 맛있는 걸 왜 안 먹어?" 하며 피자를 혼자 다 먹고 갔다고 합니다.

입맛도 배우는 것입니다. 그래서 아이들이 좋아하는 것만 먹이면 안 됩니다. 몸에 좋은 것도, 가정의 음식도 먹여야 합니다. 먹는 것도 알려 줘야 합니다. 어릴 때 부모가 먹는 음식을 같이 먹으면 부모와 자녀의 입맛이 비슷해지고, 가족의 공감대가 형성됩니다. 식사할 때는 아이들 앞에서 반찬 투정을 하면 안 됩니다. "맛있다. 맛있다. 먹어라" 하면 아이들도 따라 먹으면서 입맛이 생기는 것입니다.

그런데 말로 훈계하기 어려우면 어떻게 해야 할까요? 필요한 방법을 사용합니다("채찍으로 그를 때릴지라도 그가 죽지 아니하리라" 13절하). 본문을 오해하면 자녀를 때리는 것을 합리화시킬 수 있습니다. 그런 뜻이 아닙니다. 채찍은 훈계의 극단적인 방법을 예로 든 것뿐입니다. 어떤 경우라도 훈계를 포기해서는 안 된다는 뜻입니다. 학자들은 말합니다. "체벌은 중지되어야 한다." 물론입니다. 야만스러운 매질은 중단해야 합니다. 그러나 말로 훈계를 해서 안 될 때는 사랑의 매를 들 수도 있는 것입니다.

성경에서는 자녀를 마구 때리라고 했을까요? 아닙니다. 때리는 법이 있습니다. 첫째, 맨손으로 때리는 것은 인격을 모독하는 것이므로 반드시 일정한 도구를 사용해야 합니다. 그래서 회초리를 사용하는 것입니다. 둘째, 때리기 전에 왜 맞아야 하는지 설명해야 합니다. "네가 맞을 짓을 했지? 그래서 때리는 거야. 몇 대 맞을래?" 이렇게 본인의 허락을 받고 때려야 합니다. 마지막으로는 감정을 절제해야 합니다. 정확한 기준을 제시하고, 설득하고, 기다리고, 인내해야 합니다. 분노에 붙들려서 감정적으로 때리면 훈계가 아니라 폭력이 되는 것입니다.

> 네가 그를 채찍으로 때리면 그의 영혼을 스올에서 구원하리라 잠 23:14

훈계는 자녀의 영혼을 지옥에서 건져 낼 수도 있습니다. 육체의 체벌을 통해 영혼을 보호할 수 있다는 것입니다. 인간은 약하고 악하기 때문에 고통을 통해 정신을 깨우치고 영혼을 죄에서 건질 수 있습니다. 그래서 사랑의 매는 자녀들의 삶을 바꿔 놓을 수 있습니다.

훈계를 통해 가르쳐야 할 것

그러면 무엇을 훈계할까요? 첫째, '지혜로워지라'고 해야 합니다("내 아들아 만일 네 마음이 지혜로우면 나 곧 내 마음이 즐겁겠고" 15절). 자녀가 지혜로운 아들이 되면 부모의 마음이 즐거워집니다. 훈계로 전해야 하는 최고의 것은 '지혜'입니다.

우리는 자녀를 위해 기도할 때 그들의 앞길에 아무 어려움도 없게 해 달라고 합니다. 그러나 세상은 언제나 문제가 많고, 아무 일도 없을 수는 없습니다. 중요한 것은 어떤 문제가 생겨도 해결할 충분한 지혜가 있으면 됩니다. 지혜의 왕 솔로몬도 아버지 다윗에게 이런 훈계를 받았습니다. 그래서 솔로몬은 하나님께 지혜를 구했다고 고백했습니다. "누구든지 지혜가 부족하거든 모든 사람에게 후히 주시고 꾸짖지 아니하시는 하나님께 구하라"(약 1:5). 그러므로 지혜를 사모하도록 가르쳐야 합니다.

둘째, '정직'입니다("만일 네 입술이 정직을 말하면 내 속이 유쾌하리라" 16절). '정직'이란 단순히 거짓말하지 않는 것이 아닙니다. 자기에게 정직해야 다른 사람에게도 정직합니다. 자기에게 정직하다는 것은 자기의 현실을 인정하고 거기에 맞게 살아가는 것입니다. 자기의 장단점을 인정하고 받아들이는 것이지요. 쉽게 말하면 '너 자신이 되어라'입니다. 까치발을 하지 말고, 다른 사람을 쳐다보며 비교하지 말며, 경쟁의식과 질투를 버리라는 것입니다. 또 다른 사람을 속이지 말고, 언제나 진실하라는 말입니다. 나와 다른 사람 앞에서 정직하게 살아갈 때, 부모의 속은 유쾌해질 것입니다.

그런데 정직하게 살다 보면 방해물이 있습니다. 바로 악한 자의 형통입니다("네 마음으로 죄인의 형통을 부러워하지 말고 항상 여호와를 경외하라" 17절). 악한 자의 형통을 부러워하면 안 됩니다. 무엇 때문에 신앙양심을 지키느라 애쓰고, 정직하게 살려고 몸부림을 쳐야 할까요? 세상이 돌아가는 대로 편하게 사는 것이 낫지 않을까요? 적당히 죄와 타협하며 사는 죄인들의 모습이 부럽고, 그렇게 살지 못하는 자신이 초라하게 느껴지면서, 엄청난 갈등을 할 수 있습니다. 세상 사람들처럼 인생을 쉽게, 조금은 불의하고 비겁하게 편히 살고 싶은 마음이 든다면, 이것은 시험입니다. 시험이란 죄인의 형통을 바라보는 것입니다. 하나님의 뜻이 아니라 죄인을 보고, 겉만 보고 깊은 것을 보지 못하는 것입니다. 죄인의 형통은 부러워할 것이 아닙니다.

그러면 어떻게 이런 마음을 극복할 수 있을까요? 항상 하나님을 경외하면 됩니다. 세상을 부러워하는 마음이 생길 때마다 "하나님을 바라보라. 하나님은 살아 계시고, 나를 아시고 사랑하신다. 반드시 갚아 주신다"고 고백해야 합니다. 그럴 때 하나님이 주시는 약속이 있습니다.

> 정녕히 네 장래가 있겠고 네 소망이 끊어지지 아니하리라 잠 23:18

여기서 "정녕히"란 '확실히' '반드시' '누가 뭐래도'란 의미입니다. 우리가 정직하고 하나님을 경외하며 살면 반드시, 확실히 우리 장래가 있습니다. 하나님이 우리 미래를 책임지시니 소망이 끊어지지 않을 것이라고 하나님이 약속해 주십니다.

자녀의 미래가 걱정되나요? 소망이 없다고 생각하십니까? 이제부터라도 지혜를 사모하며 언제 어디서나 정직하세요. 하나님을 경외하세요. 그리고 자녀에게 가르치십시오. 그럼 정녕 미래가 있을 것입니다. 하나님이 우리와 우리 자녀의 미래를 책임질 것입니다. 이것이 우리 마음속에 새겨야 할 인생의 좌우명입니다.

내 자녀의 미래를 위해

> 내 아들아 너는 듣고 지혜를 얻어 네 마음을 바른 길로 인도할지니라
> 잠 23:19

훈계를 듣는 자녀는 지혜를 얻어 그 마음을 바른길로 내딛게 됩

니다. 하나님이 정로(正路)로 인도하시기 때문입니다. 길에도 폭이 있습니다. 길 가장자리로 걸으면서 스릴을 느끼는 사람도 많습니다. 한편으로 언제나 마음을 흔드는 것도 있습니다. 세상의 가치관이 공격하고 유혹하여 똑바로 걷지 못하게 합니다. 하지만 하나님을 바라보십시오. 하나님이 살아 계셔서 우리를 주목해 보시며, 정확하게 갚으심을 잊지 말아야 합니다. 그것이 하나님이 우리에게 주시는 약속이며, 우리 자녀의 내일입니다.

드림웍스에서 만든 〈이집트 왕자2: 요셉 이야기〉라는 애니메이션이 있습니다. 거기 보면 요셉이 감옥에서 하나님께 항의하고 질문을 많이 퍼붓습니다. 낙심도 하고 원망도 합니다. 그러나 세월이 흘러 마지막 단계에 이르러서는 그가 이렇게 감옥에서 노래를 부릅니다. "나는 이제 왜냐고 묻는 것을 포기했습니다. 하나님." 그리고 깊은 감옥으로 비치는 한 줄기 햇빛에 감사하고, 그 햇빛을 받아 피어나는 나무를 보며 감격합니다. 그리고 주어진 일에 최선을 다합니다. 모든 것을 하나님께 맡깁니다. 이제 눈에 보이는 환경에 지배되지 않고, 보이지 않는 믿음에 의하여 살아갑니다. 그다음에 옥문이 열립니다. 우리는 몰라도 하나님은 우리의 길을 알고 인도하십니다.

내 자녀의 미래를 위해 해야 할 일이 무엇일까요? 가르치는 것입니다. 지혜를 가지도록, 정직하며 하나님을 경외하는 삶을 살도록 훈계하는 것입니다. 먼저 우리가 이런 가치관을 가지고 살고, 자녀들에게 가르칠 때 후회 없는 인생을 살게 되고, 정녕 우리 자녀들에게 희망 찬 미래가 있을 것입니다.

함께
이야기하기

1 나의 자녀에게 꼭 가르쳐 주고 싶은 인생의 경험이 있다면 나눠 봅시다.

2 자녀에게 가르쳐 주고 싶은 두 가지 훈계와 피해야 할 한 가지는 무엇인가요?

3 말씀에 따른 바른 훈계와 교육을 받은 자녀에게 하나님은 무엇을 약속해 주시나요?

함께 기도하기

살아 계신 하나님!
자녀의 미래를 위해 부모로서 할 일이 무엇인지 알게 하소서.
훈계의 중요성을 알고 게으르거나 방치하지 않도록 하소서.
무엇을 가르쳐야 하는지 알게 하소서.
오늘 말씀이 나의 고백이 되고,
내 자녀를 향한 교육의 내용이 되게 하소서.

잠 23:20-35

20 술을 즐겨 하는 자들과 고기를 탐하는 자들과도 더불어 사귀지 말라
21 술 취하고 음식을 탐하는 자는 가난하여질 것이요 잠 자기를 즐겨 하는 자는 해어진 옷을 입을 것임이니라
22 너를 낳은 아비에게 청종하고 네 늙은 어미를 경히 여기지 말지니라
23 진리를 사되 팔지는 말며 지혜와 훈계와 명철도 그리할지니라
24 의인의 아비는 크게 즐거울 것이요 지혜로운 자식을 낳은 자는 그로 말미암아 즐거울 것이니라
25 네 부모를 즐겁게 하며 너를 낳은 어미를 기쁘게 하라
26 내 아들아 네 마음을 내게 주며 네 눈으로 내 길을 즐거워할지어다
27 대저 음녀는 깊은 구덩이요 이방 여인은 좁은 함정이라
28 참으로 그는 강도같이 매복하며 사람들 중에 사악한 자가 많아지게 하느니라
29 재앙이 뉘게 있느뇨 근심이 뉘게 있느뇨 분쟁이 뉘게 있느뇨 원망이 뉘게 있느뇨 까닭 없는 상처가 뉘게 있느뇨 붉은 눈이 뉘게 있느뇨
30 술에 잠긴 자에게 있고 혼합한 술을 구하러 다니는 자에게 있느니라
31 포도주는 붉고 잔에서 번쩍이며 순하게 내려가나니 너는 그것을 보지도 말지어다
32 그것이 마침내 뱀같이 물 것이요 독사같이 쏠 것이며
33 또 네 눈에는 괴이한 것이 보일 것이요 네 마음은 구부러진 말을 할 것이며
34 너는 바다 가운데에 누운 자 같을 것이요 돛대 위에 누운 자 같을 것이며
35 네가 스스로 말하기를 사람이 나를 때려도 나는 아프지 아니하고 나를 상하게 하여도 내게 감각이 없도다 내가 언제나 깰까 다시 술을 찾겠다 하리라

5

네 마음을
나에게 다오

마음의 방향

찰스 템플턴(Charles Templeton)은 복음전도자인 빌리 그레이엄(Billy Graham) 목사의 친구이며 동역자였습니다. 그도 빌리 그레이엄처럼 대형집회를 인도하면서 많은 사람을 주님께로 이끌던 부흥사였습니다. 사람들은 얼마 지나지 않아서 그가 빌리 그레이엄 목사를 능가할 것이라고 말했습니다. 그런데 그가 갑자기 하나님을 떠났습니다. 그리고 《하나님과의 작별》(Farewell to God)이라는 책을 썼습니다.

기자가 물었습니다. "당신 같은 분이 하나님을 떠나게 된 이유나 사건이 있습니까?"

"있습니다. 〈라이프〉 잡지에 실린 사진 때문입니다. 처참한 가뭄을 겪고 있는 아프리카의 흑인 여자가 죽은 아기를 안고 한없이 야속하다는 표정으로 하늘을 올려다보는 사진이었습니다. 나는 이 사진을 보고 생각했습니다. '사랑의 하나님이라면 어떻게 그런 일을 할 수 있는가? 이 여자에게는 비가 필요하다. 그런데 왜 비를 내려

주지 않는가? 비는 누구의 소관인가. 내가 내릴 수 있는가? 아니다. 하나님의 소관이다. 그런데 비는 내리지 않았다. 어떻게 엄마에게서 아기를 빼앗아 가고, 목말라하는 그들에게 비를 내리지 않을 수 있을까.' 내 이성으로는 이해되지 않았습니다. 그래서 하나님을 떠나게 되었습니다."

이 사건은 빌리 그레이엄 목사에게도 엄청난 충격이었습니다. 빌리 그레이엄은 친구가 하나님을 떠난 일 때문에 하나님께 매달렸습니다. 눈물을 흘리며 기도하던 그는 마침내 이렇게 고백했습니다.

"저는 하나님께 제 마음을 드리겠습니다. 성경을 하나님의 말씀으로 받아들이겠습니다. 때때로 의심과 갈등이 일어나지만 그것보다 믿음을 맨 앞자리에 두겠습니다. 하나님의 사랑과 말씀의 진실성을 믿습니다. 저는 믿음의 길을 걸어가겠습니다. 저를 붙들어 주소서."

기도할 때 성령께서 강하게 임하셨고, 그 후로 빌리 그레이엄 목사는 하나님의 사람으로 굳게 서게 됩니다. 그는 세계적인 복음전도자가 되어 엄청난 사역을 감당합니다. 마음을 어디에 두느냐에 따라 그 사람의 인생은 달라집니다. 따라서 마음에 무엇을 두고, 무엇을 두지 말아야 할지 잘 선택하는 일은 중요합니다.

효도의 3단계

자녀가 부모에게 가져야 할 태도는 크게 세 가지가 있습니다. 이것을 효도의 3단계라고도 합니다. 첫째, 부모님의 말씀을 잘 듣고, 무시하지 않는 것이 자녀가 가져야 할 기본자세입니다("너를 낳은 아비에게 청종하고 네 늙은 어미를 경히 여기지 말지니라" 22절). 어른의 말씀을 잘 들으면 세대 간에 소통이 이루어지고, 조상들의 실수를 반복하지 않게 됩니다. 이것은 엄청난 에너지 절약입니다. 인생을 낭비하지 않는 방법이 부모님의 이야기를 잘 듣는 것입니다. 둘째, 의인이 되고, 지혜로운 사람이 되는 것입니다("의인의 아비는 크게 즐거울 것이요 지혜로운 자식을 낳은 자는 그로 말미암아 즐거울 것이니라" 24절). 하나님 앞에 바로 서고, 사람들 앞에서 자기 몫을 감당하는 사람이 되는 것입니다. 셋째, 마음을 다른 곳에 빼앗기지 말며 부모님의 훈계에 마음을 두고 '내 길을 즐거워하라'는 것입니다("내 아들아 네 마음을 내게 주며 네 눈으로 내 길을 즐거워할지어다" 26절). '내 길을 즐거워할지어다'라는 말씀의 의미는 부모가 살아온 길을 즐거워하라는 뜻입니다. 부모님의 인생을 존중하고 높게 평가하라는 것입니다. 연로하신 부모님에게 마지막으로 필요한 것이 무엇일까요? 자기 인생에 대한 평가입니다. 부모의 인생을 누가 평가할 수 있을까요? 인생의 주인이신 하나님입니다. 그러나 이 땅에서는 자녀를 통해 평가됩니다. "아버지 어머니, 두 분은 열심히, 최선을 다해 사셨습니다. 누가 뭐래도 저는 두 분을 존경합니다." 이것이 최고의 효도입니다. 이것이 있을 때 부모님의 인생은 공허해지지 않습니다.

어느 분이 제게 이런 고백을 했습니다. "저희 부부는 남들이 볼 때는 사이가 좋은 것 같아도 둘이서는 엄청나게 싸웁니다. 심지어 '우리는 잘못 만났어. 당신하고 결혼한 것이 내 인생의 실수였어'라는 말을 서로에게 서슴없이 했습니다. 그런 말을 들을 때마다 우리 아들이 힘들어했는데, 어느 날 아들이 이렇게 말했습니다. '두 분은 서로 잘못 만났다고 하시는데, 저는 그렇게 생각하지 않습니다. 두 분의 선택은 옳았습니다. 두 분 사이에서 제가 나왔으니까요. 오늘의 저를 있게 해 주신 두 분의 결혼이 하나님의 뜻이라고 믿습니다.'"

아들의 말을 듣는 순간 부부의 모든 갈등과 의심이 싹 사라졌다고 합니다. 그들의 결혼이 하나님의 뜻이었으니 이제는 불평하지 말고 행복하게 살자고 결심하게 되었습니다. 자녀의 말 한마디가 부모님의 어두운 과거를 다 씻어 준 것입니다. 그럴 때 부모님은 "내 인생은 헛되지 않았구나!" 감격하게 됩니다.

저는 가끔 청년들에게 누구를 존경하는지 물어봅니다. 그런데 자기 부모님을 존경한다는 말을 듣기가 참 힘듭니다. 그러나 다른 사람들에게서는 몰라도 자기 자녀에게는 충분히 존경한다는 소리를 들을 자격이 우리 부모님에게 있습니다. 그러므로 자녀는 마땅히 그 말을 해야 합니다. 이것이 '내 길을 즐거워하라'는 의미입니다.

자녀의 마음을 빼앗는 것

부모의 가르침을 마음에 두어야 하는데, 그렇게 하지 못하도록 마음을 빼앗아 가는 것 두 가지가 있습니다. 하나는 음녀와 이방 여인(27-28절)이고, 또 하나는 술(31절)입니다. 호세아도 하나님의 백성의 마음을 빼앗는 것이 두 가지 있는데, 음녀와 술이라고 분명히 말씀합니다("음행과 묵은 포도주와 새 포도주가 마음을 빼앗느니라" 호 4:11).

영적으로는 하나님으로부터 우리 마음을 빼앗아 가는 모든 것이 음녀입니다. 나의 음녀는 무엇입니까? 나를 미혹하는 이성일 수도 있고, 돈이나 권력이나 명예일 수도 있습니다. 또 하나는 술입니다. 술은 취하게 만듭니다. 술과 이방 여인의 공통점이 있습니다. 매력적이고 기쁨을 준다는 것입니다. 그러나 결과는 아주 쓰고, 불행하고, 비참합니다. 그러니 세상 사람들이 좋아하는 술과 잘못된 성관계를 조심해야 합니다.

특히 술을 조심할 것을 강조합니다. 먼저는 술의 피해를 정확하게 지적합니다.

> 재앙이 뉘게 있느뇨 근심이 뉘게 있느뇨 분쟁이 뉘게 있느뇨 원망이 뉘게 있느뇨 까닭 없는 상처가 뉘게 있느뇨 붉은 눈이 뉘게 있느뇨 잠 23:29

재앙이 술을 즐기는 사람에게 있습니다("술에 잠긴 자에게 있고 혼합한 술을 구하러 다니는 자에게 있느니라" 30절). 술은 재앙을 불러옵니다. 전 세계 자동차 사고의 약 40%가 술 때문에 발생합니다. 미국 인디애나 주립형무소에서 '언제 범죄했는가? 범죄한 순간에 어떤 상태였는가?'를 연구했습니다. 절대다수가 술 취한 상태였다고 합니다. 사고와 범죄와 술은 떨어질 수 없는 관계입니다.

근심을 잊으려고 술을 마십니다. 그러나 결국은 근심을 더해 줍니다. 취할 때는 기분이 좋지만 깰 때는 후회합니다. 술을 마시면 가족이 근심하기도 합니다. 아내는 잠을 이루지 못하고 자녀들은 그것을 배우기도 합니다. 건강의 손해, 시간의 낭비 등 득보다는 실이 더 많습니다.

술을 마시면 분쟁도 일어납니다. 술 취하지 않았을 때는 조용하던 사람이 취하면 말이 많아지고 속에 있던 감정이 밖으로 튀어나와 물의를 일으키는 경우가 너무 많습니다. 절제력이 약해지면서 속에 있던 것이 폭발하는 것이지요. 어디서 다쳤는지도 모른 채 다쳐서 오는 경우도 참 많습니다. 그러니까 술을 좋아하면 재앙이 생기고, 근심이 생기고, 분쟁이 생기고, 원망이 생기고, 까닭 없는 상처도 생기는 것입니다. 깔끔하게 마시면 괜찮지 않냐구요? 성경은 이렇게 답합니다.

> 그것이 마침내 뱀같이 물 것이요 독사같이 쏠 것이며 잠 23:32

술을 마시면 반드시 해를 입게 된다는 말씀입니다. 또 술을 마시면 괴이한 것이 보입니다("또 네 눈에는 괴이한 것이 보일 것이요 네 마음은 구부러진 말을 할 것이며" 33절). 육체는 휘청휘청하고 정신은 구부러집니다. 죄에 대해 무뎌집니다. 육체는 어지럽고 영은 위태하다는 것입니다("너는 바다 가운데에 누운 자 같을 것이요 돛대 위에 누운 자 같을 것이며" 34절). 그런데도 깨닫지 못합니다. 아프지 않다고 만용을 부리고, 깨면 또 먹겠다고 고집을 부리며 괜찮다고 합니다("네가 스스로 말하기를 사람이 나를 때려도 나는 아프지 아니하고 나를 상하게 하여도 내게 감각이 없도다 내가 언제나 깰까 다시 술을 찾겠다 하리라" 35절). 중독이 된 것입니다.

> 포도주는 붉고 잔에서 번쩍이며 순하게 내려가나니 너는 그것을 보지도 말지어다 잠 23:31

성경은 술을 아예 쳐다보지도 말라고 말씀합니다. 그런데 가정에서는 어떨까요? 거실 진열장에 고급 양주병을 넣어 두거나 술을 마시는 모습을 자녀에게 자주 보이면 술에 대한 거부감이 아이에게 생겨나지 않습니다.

탈무드에 나오는 이야기입니다. 홍수 후에 노아가 포도나무를 심고 있는데, 사탄이 찾아와서 물었습니다. "무엇을 하고 계십니까?" 노아는 대답했습니다. "포도나무를 심고 있소." "그 나무는 어떤 나무인가요?" "열매가 아주 달고 맛있는데 신맛도 있소. 열매가 익은 후 즙을 내어 마시면 마음이 즐거워집니다." 그러자 사탄은 그렇게 좋은 거라면 도와주겠다고 했습니다. 노아는 좋다 했고, 사탄은 양과 원숭이, 사자와 돼지를 죽여 그 피를 거름으로 주었습니다. 포도주가 그렇게 탄생했습니다. 그래서 술을 처음 마시기 시작할 때는 양처럼 순해지고, 좀 더 마시면 원숭이처럼 떠들고 자랑하며 다른 사람 흉을 보고 돌아다니고, 조금 더 마시면 사자처럼 소리를 지르고 사나워지며, 더 마시면 돼지처럼 아무 데서나 눕고 토하고 뒹굴게 되었다고 합니다.

구약성경에 보면 제사장이 예배를 인도할 때와 나실인이 헌신한 기간에는 포도주를 마시지 못하게 했습니다. 그 외에는 허용이 되었습니다. 그러면 예수님도 포도주를 마셨을까요? 마태복음 11장

19절을 보면 예수님의 별명이 "포도주를 즐기는 사람"이라고 했습니다. 바울은 디모데에게 위장병 때문에 포도주를 사용해 보라고도 했습니다. 그런가 하면 디모데전서 3장 8절은 집사의 조건에서 '술에 인 박이지 않아야 한다' '습관적으로 술을 마시면 집사가 될 수 없다'고 정합니다. 고린도전서 6장 10절에서는 '술 취하는 자는 하나님 나라를 유업으로 받지 못한다'고 했습니다.

그렇다면 술 마시는 것이 죄일까요? 그것은 아닙니다. 금주는 권장 사항입니다. 그러나 분명한 것은 술은 하나님으로부터 멀어지게 하고, 죄짓는 통로가 될 수 있으며, 점점 우리를 지배합니다. 그러므로 조심하라고 경고하는 것입니다.

술에 대한 반응과 조절 능력이 사람마다 다르기 때문에 똑같이 말하기는 어렵습니다. 술이 약하다면 쳐다보지도 말아야 합니다. 일반적으로는 하나님의 영광을 위하여, 이웃에게 덕을 세우기 위하여, 그리고 나 자신의 경건을 위하여 조심해야 합니다. 더 나아가서 술 마시지 않는 데에서 멈추는 것이 아니라 성령께 붙들린 사람이 되기 위해 노력해야 합니다.

이 시대 사람들은 마음 둘 곳이 없어서 술에 빠져들고, 잘못된 성관계에 탐닉합니다. 그러나 하나님은 "네 마음을 나에게 다오" 말씀합니다. 술이라는 주(酒)님이 아니라 정말 전능하신 하나님께 마음을 드리며 그분께 붙들려 살아야 합니다. 우리의 마음을 하나님께 두며 그 길을 즐거워할 때, 진정한 기쁨과 행복이 있게 될 것입니다.

함께 이야기하기

1 부모님에게 받은 가르침 가운데 내 삶에 중요한 영향력을 끼친 가르침이 있다면 나눠 봅시다.

2 술을 가까이할 때 생기는 피해를 성경은 어떻게 지적하고 있나요?

3 우리는 왜 술을 조심해야 할까요?

함께
기도하기

"네 마음을 나에게 다오" 말씀하시는 하나님!
갈수록 세상은 술에 취해 가고 있습니다.
또한 잘못된 성에 탐닉하고 있습니다.
우리의 마음을 빼앗는 것에 빠져들지 않고,
우리의 마음을 하나님께 두고 살게 하소서.

2부

더불어 살면
행복해집니다

선하고 지혜로운 삶에 대하여

잠 24:1-18

1 너는 악인의 형통함을 부러워하지 말며 그와 함께 있으려고 하지도 말지어다
2 그들의 마음은 강포를 품고 그들의 입술은 재앙을 말함이니라
3 집은 지혜로 말미암아 건축되고 명철로 말미암아 견고하게 되며
4 또 방들은 지식으로 말미암아 각종 귀하고 아름다운 보배로 채우게 되느니라
5 지혜 있는 자는 강하고 지식 있는 자는 힘을 더하나니
6 너는 전략으로 싸우라 승리는 지략이 많음에 있느니라
7 지혜는 너무 높아서 미련한 자가 미치지 못할 것이므로 그는 성문에서 입을 열지 못하느니라
8 악행하기를 꾀하는 자를 일컬어 사악한 자라 하느니라
9 미련한 자의 생각은 죄요 거만한 자는 사람에게 미움을 받느니라
10 네가 만일 환난 날에 낙담하면 네 힘이 미약함을 보임이니라
11 너는 사망으로 끌려가는 자를 건져 주며 살륙을 당하게 된 자를 구원하지 아니하려고 하지 말라
12 네가 말하기를 나는 그것을 알지 못하였노라 할지라도 마음을 저울질 하시는 이가 어찌 통찰하지 못하시겠으며 네 영혼을 지키시는 이가 어찌 알지 못하시겠느냐 그가 각 사람의 행위대로 보응하시리라
13 내 아들아 꿀을 먹으라 이것이 좋으니라 송이꿀을 먹으라 이것이 네 입에 다니라
14 지혜가 네 영혼에게 이와 같은 줄을 알라 이것을 얻으면 정녕히 네 장래가 있겠고 네 소망이 끊어지지 아니하리라
15 악한 자여 의인의 집을 엿보지 말며 그가 쉬는 처소를 헐지 말지니라
16 대저 의인은 일곱 번 넘어질지라도 다시 일어나려니와 악인은 재앙으로 말미암아 엎드러지느니라
17 네 원수가 넘어질 때에 즐거워하지 말며 그가 엎드러질 때에 마음에 기뻐하지 말라
18 여호와께서 이것을 보시고 기뻐하지 아니하사 그의 진노를 그에게서 옮기실까 두려우니라

6

인생의 집을
잘 지으려면

응답에 따라 결과는 달라진다

옛날 어느 부잣집에 머슴들이 있었습니다. 어떤 머슴은 주인이 보든 말든 성실하게 일했고, 어떤 머슴은 주인이 보는 데서만 열심히 하는 척했습니다. 세월이 흘러 어느 해 그믐날, 주인은 머슴들에게 볏단을 하나씩 주면서 이렇게 말했습니다.

"지금까지 내 집에서 고생이 많았네. 새해부터는 자유롭게 너희들의 인생을 살도록 해라. 그런데 마지막으로 해야 할 일이 있다. 오늘 밤 이것으로 새끼를 꼬아라. 가능한 한 가늘게 꼬아야 한다."

머슴들은 새끼를 꼬기 시작했습니다. 어떤 머슴은 그믐날까지 잠도 안 재우고 일을 시킨다고 불평하며 대충 꼰 후에 잠을 잤습니다. 어떤 머슴은 마지막으로 주인을 위해 하는 일이니 최선을 다하겠다 생각하고 오랫동안 가늘게 새끼를 꼬았습니다. 다음 날 아침 주인은 머슴들을 창고 앞으로 부른 후에 이렇게 말했습니다.

"자기가 꼰 새끼줄에 들어가는 만큼 엽전을 꿰어 가거라."

새끼줄을 가늘게 꼰 종들은 엽전을 많이 가져갈 수 있었지만, 대충 꼰 머슴들은 그 돈을 가지고 갈 수 없었습니다.

"한밤에 새끼줄을 꼬아라!"는 내 마음에 들지 않는 명령입니다. 그러나 어떻게 응답하느냐에 따라 결과는 달라집니다. 내 인생, 내 앞날을 다 알 수 없습니다. 내가 할 일은 주어진 시간에 최선을 다하고 나머지는 더 높은 손에 맡기는 것뿐입니다. 그럴 때 인생을 제대로 살 수 있습니다. 인생은 집 짓는 것과 비슷합니다. 인생을 제대로 살아가는 것은 집을 제대로 짓는 과정과 같습니다. 어떻게 하면 인생이라는 집을 잘 지을 수 있을까요? 어떻게 하면 인생을 후회 없이 올바르게 살아갈 수 있을까요?

인생을 위한 기초공사

인생이라는 집을 짓기 위해 먼저 하지 말아야 할 것이 있습니다.

> 너는 악인의 형통함을 부러워하지 말며 그와 함께 있으려고 하지도 말지어다 그들의 마음은 강포를 품고 그들의 입술은 재앙을 말함이니라 잠 24:1-2

첫째, 악인의 형통을 부러워하지 말아야 합니다. "악인의 형통함을 부러워하지 말라"는 말이 성경에 자주 나오는 이유는 무엇일까요? 많은 사람이 여기에 붙들려 있기 때문입니다. 믿지 않는 사람들은 말할 것도 없고 성도들도 그렇습니다. 악인은 망하고 의인은 형통해야 하는데, 현실은 그렇지 않습니다. 이럴 때 우리에게 갈등이 생깁니다. "하나님이 계시는가? 나를 사랑하시는가? 정말 하나님의 말씀이 맞는가?" 회의합니다.

하나님이 없는 사람의 최고 소원은 자기 소원이 이루어지는 것, 곧 형통입니다. 그러나 신앙인에게 중요한 것은 형통이 아니라 '이것이 하나님의 뜻인가?'입니다. 형통은 부차적입니다. 신앙인의 입장에서 보면 악인의 형통은 복이 아닙니다. 악인이 형통하면 그는 돌아올 수 없습니다. 자신의 길이 맞다고 확신하기 때문에 그렇게 가다가 망해 버립니다. 지금 당장 이뤄지는 악인의 형통은 사실 영적으로는 심판입니다. 그러므로 악인의 형통을 부러워하지 말라는 것입니다. 1절과 상응하는 19절은 이렇게 말씀합니다.

> 너는 행악자들로 말미암아 분을 품지 말며 악인의 형통함을 부러워하지 말라 잠 24:19

"행악자들로 말미암아 분을 품지 말라"고 합니다. 분을 품는 것과 부러워하는 것, 어느 것이 먼저일까요? 처음에는 "악인이 저렇게 잘되다니!" 하며 분노하다가 나중에는 부러워합니다. 분노하는 것과 부러워하는 것은 같습니다. 성경은 악인의 형통을 분노하거나 부러워하지 말라고 말씀합니다. 왜냐하면 악인의 형통을 분노하거나 부러워하는 것은 이미 내 마음이 오염되었음을 의미하기 때문입니다. 하나님을 바라보고 살면 되지, 다른 사람 때문에 흔들리면 안 됩니다.

혹시 지금 다른 사람을 바라보며 분노하거나 부러워하고 있지는 않습니까? 다른 사람과 나를 비교하면서 질투하거나 낙담하고 있지는 않은가요? 이런 데 소비되는 에너지가 너무 큽니다. 여기서 빨리 벗어나야 합니다. 그렇지 않으면 내가 걸어가야 할 인생길을 제대로 걸어갈 수 없습니다.

집을 잘 짓는 방법 – 지식, 명철, 지혜

그렇다면 내가 정말 바라고 추구해야 할 것은 무엇일까요? 여러분에게 지금 무엇이 가장 필요하다고 생각하십니까? 돈이나 권력이나 좋은 직장인가요?

> 집은 지혜로 말미암아 건축되고 명철로 말미암아 견고하게 되며 또 방들은 지식으로 말미암아 각종 귀하고 아름다운 보배로 채우게 되느니라
> 잠 24:3-4

인생의 집을 짓는 과정이 나옵니다. 지혜로 집을 짓고, 명철로 그 집을 견고하게 하고, 지식으로 방들을 꾸밉니다. 살아가면서 필요한 것이 많지만 지혜, 명철, 지식 세 가지가 가장 중요하다는 말입니다.

첫째, 지식은 무엇일까요? 지금까지 배우고 깨닫고 알게 된 것들을 모으면 지식이 됩니다. 그러므로 지식은 과거에 속했습니다. 지식은 좋은 것이고 꼭 배워야 하지만 지식만 있어서는 안 됩니다. 왜냐하면 지식은 방을 꾸밀 수 있는 전체가 아니라 일부이기 때문입니다. 지식보다 더 소중한 것이 명철입니다. 명철은 현재를 위한 것입니다.

과거의 지식을 사용하여 '오늘 내가 어떻게 해야 하는가' '내가 지금 무엇을 할 것인가'를 판단하고 결정하는 것이 명철입니다. 현재를 살아가는 기술입니다. 그러면 지혜란 무엇일까요? 미래를 위한 것입니다. 앞으로 이렇게 될 것을 알고 믿는 게 지혜입니다.

점을 보러 가면 과거의 것은 잘 맞힌다고 합니다. 왜냐하면 지식이거든요. 그러나 미래는 잘 모릅니다. 왜냐하면 지혜의 영역이기 때문입니다. 귀신들은 하나님의 영역인 미래를 알 수가 없습니다. 미래는 역사의 주관자이신 하나님께 속한 것입니다. 그런데 하나님은 말씀으로 미래를 알려 주십니다. 그래서 지혜의 말씀입니다.

1절에 나오는 악인의 형통은 엄연한 현실이니 그것을 보며 분노하거나 부러워하는 것이 지식의 입장에서 보면 맞습니다. 그러나 그의 미래는 반드시 망할 것입니다. 이것을 아는 것이 지혜입니다. 그러므로 지혜가 있다면 악인의 형통을 부러워하지 않을 것입니다. 지혜를 가질 때 우리는 흔들리지 않을 수 있습니다.

지식, 명철, 지혜의 상호관계는 무엇일까요? 기도를 놓고 생각해 봅시다. '하나님은 성도들의 기도를 들어주신다'고 들었고 배워서 알고 있습니다. 이것은 지식입니다. 이것을 받아들여 나의 삶에 적용하는 것이 명철입니다. 그러므로 내가 직접 기도해야 명철한 것입니다. 더 나아가서 이 기도의 미래와 그 결과를 믿고 신뢰합니다. 그래서 담대하게 주님의 보좌로 나아가는 것이 지혜입니다. 하나님에 대한 믿음과 소망이 엄청난 지혜임을 알아야 합니다.

그러므로 지식, 명철, 지혜가 모두 필요하지만 그중에서 지혜가 근본입니다. 지혜가 있어야 집을 세울 수 있으며, 그 집은 명철로 견고해집니다. 지식으로는 방을 채울 수 있을 뿐입니다. 집이 있어야 방도 존재할 수 있고, 집이 견고해야 방에 귀한 것들을 채울 수 있습니다. 그러므로 미래에 대한 지혜가 있어야 현재에 대한 명철도 빛나고, 과거에 대한 지식도 쓸모 있게 되는 것입니다.

그래서 "지혜 있는 자는 강하고 지식 있는 자는 힘을 더하나니"(5절)라고 말씀합니다. 지혜가 가장 강합니다. 그러면 지식은 필요 없을까요? 지식도 필요합니다. 지혜와 지식을 잘 활용하는 것을 전략("너는 전략으로 싸우라 승리는 지략이 많음에 있느니라" 6절)이라고 합니다. 과거의 지식과 미래의 지혜를 함께 사용하는 전략이 있다면 언제나 승리합니다.

개인과 가정과 국가에 왜 이렇게 어렵고 힘든 일이 많을까요? 세계 경제 상황이 나빠서일까요? 강대국이 간섭하기 때문일까요? 아닙니다. 표면적으로만 알 뿐 정확하고 폭넓은 지식이 없기 때문입니다. 그 지식을 바탕으로 오늘 무엇을 어떻게 해야 하는지에 대한 명철이 없습니다. 멀리 미래를 바라보는 지혜가 없어서 문제입니다.

우리는 과거의 지식에 붙들린 사람이 아닙니다. 다가올 미래에 하나님이 하실 일을 믿음으로 기대하는 지혜를 가진 사람입니다. 세상과 악인의 형통만 보면 살아갈 힘이 없습니다. 그러나 하나님이 함께하시고 앞으로 놀라운 일을 행하실 것이며, 약속의 말씀이 성취될 것을 믿고 살아가면 엄청난 지혜를 갖게 됩니다.

"주님, 나의 삶은 왜 이런가요?" 질문하고 탄식할 수 있습니다. 그러나 이것은 과거에 붙들린 것입니다. "하나님, 이것이 전부가 아님을 믿습니다. 지금 제 눈에는 이것밖에 안 보여서 마음이 어렵지만 하나님은 저에게 아름다운 미래를 허락하실 줄 믿습니다. 도와주소서." 이렇게 미래를 믿고 바라고 신뢰하는 지혜가 있어야 합니다. 그럴 때 미래를 향해 나갈 수 있습니다.

그런데 왜 지혜가 없을까요? 첫째, 게으르기 때문입니다("지혜는 너무 높아서 미련한 자가 미치지 못할 것이므로 그는 성문에서 입을 열지 못하느니라" 7절). 너무 높아서 닿을 수가 없으며, 너무 멀리 있고, 그것을 위해 지불해야 할 것이 너무 많다고 생각하기 때문입니다. 둘째, 악하기 때문입니다("악행하기를 꾀하는 자를 일컬어 사악한 자라 하느니라" 8절). 지혜가 요구하는 선과 진리를 좋아하지 않습니다. 셋째, 거만하기 때문입니다("미련한 자의 생각은 죄요 거만한 자는 사람에게 미움을 받느니라" 9절). 자기가 더 똑똑하다고 생각하기에 지혜가 없습니다. 그러면 어떻게 해야 지혜를 얻을 수 있을까요? 반대로 하면 됩니다. 게으름 대신 부지런하게, 악한 마음 대신 선한 마음으로, 거만함 대신 겸손한 마음으로 찾으면 지혜를 얻을 수 있습니다.

집을 잘 짓고 있는지의 여부를 알 수 있는 방법이 있습니다. 만약 낙담하고 있다면 지혜가 부족한 것입니다("네가 만일 환난 날에 낙담하면 네 힘이 미약함을 보임이니라" 10절). 문제가 커서 낙담하는 것이 아니라 문제를 해결할 수 있는 지혜가 부족하기 때문에 낙담하는 것입니다. 그러므로 돈이 없다고, 직장이 없다고, 화려한 배경이 없다고 낙담할 것이 아니라 후히 주시고 꾸짖지 않는 하나님께 지혜를 구해야 합니다. 나를 알아주는 이 없어도 하나님이 아시고 갚아 주실 것을 믿는 지혜를 가졌다면 낙담하지 않습니다.

집을 잘 짓는 목적

인생의 집을 잘 짓기 위해 마지막으로 할 일은 무엇일까요? 성공의 목적은 무엇이며 왜 잘 살려 하고, 왜 힘을 가지려 하는가요? 내게 주어진 것을 가지고 무엇을 위해 사용해야 할까요?

> 너는 사망으로 끌려가는 자를 건져 주며 살륙을 당하게 된 자를 구원하지 아니하려고 하지 말라 잠 24:11

그 대답은 선한 일을 위해서, 약한 사람들을 위해서, 그들을 돕고 섬기기 위해서입니다.

11절은 과거 사형 집행 배경에서 나온 구절입니다. 범인이 사형장으로 끌려갑니다. 그 앞에서 한 사람이 소리를 지릅니다. "누구든지 이 자를 변호할 사람이 있다면 나오시오!" 끌려가는 사람이 그런 죄를 짓지 않았다고 증명하면, 다시 법정으로 가서 재판을 받고 그를 살릴 수 있습니다. 그런데 그 사람의 무죄를 증명할 수 있는데도 귀찮아서 침묵했고, 그 결과 그 사람이 죽었다면 사람들이 그 사실을 알까요, 모를까요? 아무도 모릅니다.

그러나 하나님은 아십니다("네가 말하기를 나는 그것을 알지 못하였노라 할지라도 마음을 저울질 하시는 이가 어찌 통찰하지 못하시겠으며 네 영혼을 지키시는 이가 어찌 알지 못하시겠느냐 그가 각 사람의 행위대로 보응하시리라" 12절).
"나는 몰랐어요, 보지 못했습니다. 내가 할 수 있는 일이 아니었다고요!"라고 아무리 변명해도 하나님을 속일 수는 없습니다. 하나님은 마음을 저울로 달아 보시기 때문입니다.

누가복음 10장에 보면 어떤 사람이 예루살렘에서 여리고로 내려가다가 강도를 만나 거의 죽게 되었습니다. 그 앞으로 제사장과 레위 사람이 지나갔지만 그럴 듯한 핑계를 대면서 구해 주지 않았습니다. 그러나 그들의 핑계는 예수님이 보실 때는 성립되지 않았습니다. 그들은 죽어 가는 자를 방치했던 것입니다. 사람들 앞에서는 변명이 통할지 몰라도 마음을 저울질하시는 하나님 앞에서 핑계를 댈 수 없습니다. 그러므로 나에게 힘이 있을 때, 선한 일을 할 기회가 주어졌을 때 타인을 외면하지 말아야 합니다.

> 네 원수가 넘어질 때에 즐거워하지 말며 그가 엎드러질 때에 마음에 기뻐하지 말라 여호와께서 이것을 보시고 기뻐하지 아니하사 그의 진노를 그에게서 옮기실까 두려우니라 잠 24:17-18

원수가 넘어질 때 즐거워하지 말며, 미운 사람이 잘못되었다고 박수를 치면 안 됩니다. 하나님이 싫어하십니다. 내가 할 일은 도와야 할 자를 돕고, 배고픈 자를 먹이며, 하나님 앞에서 내 진실과 충성만 다하면 되는 것입니다. 그럴 때, 흔들리지 않고 나의 길을 걸어갈 수 있습니다.

함께 이야기하기

1. 부도덕하고 악한 사람이 잘되는 것을 보고 부러워하거나 화가 난 적이 있었나요? 그 사람을 부러워했던 이유는 무엇인가요?

2. 인생을 잘 지어 가기 위해 필요한 세 가지와 상관관계를 적어 봅시다.

3. 인생에서 성공했을 때 내가 섬기고 싶은 일이 있다면 무엇인지 나눠 봅시다.

함께
기도하기

인생을 집을 짓는 것에 비유해서 말씀하시는 하나님!
우리는 어떤 집을 지어야 하는지 먼저 묻게 하소서.
악인 때문에 흔들리지 않는 집을 짓게 하소서.
그들 때문에 분노하거나 부러워하지 않게 하소서.
그래서 누가 뭐래도 하나님 앞에서 바른길을 가게 하소서.
말씀에 대한 지식을 주시고,
지식을 넘어서는 명철을 주시고,
명철을 넘어서는 지혜를 주소서.
또 악인의 멸망을 기뻐하거나,
내가 도와야 할 것을 외면하지 않게 하소서.
우리의 마음을 달아보시는 하나님께
칭찬받는 사람들이 되게 하소서.

잠 25:1-10

1 이것도 솔로몬의 잠언이요 유다 왕 히스기야의 신하들이 편집한 것이니라
2 일을 숨기는 것은 하나님의 영화요 일을 살피는 것은 왕의 영화니라
3 하늘의 높음과 땅의 깊음 같이 왕의 마음은 헤아릴 수 없느니라
4 은에서 찌꺼기를 제하라 그리하면 장색의 쓸 만한 그릇이 나올 것이요
5 왕 앞에서 악한 자를 제하라 그리하면 그의 왕위가 의로 말미암아 견고히 서리라
6 왕 앞에서 스스로 높은 체하지 말며 대인들의 자리에 서지 말라
7 이는 사람이 네게 이리로 올라오라고 말하는 것이 네 눈에 보이는 귀인 앞에서 저리로 내려가라고 말하는 것보다 나음이니라
8 너는 서둘러 나가서 다투지 말라 마침내 네가 이웃에게서 욕을 보게 될 때에 네가 어찌할 줄을 알지 못할까 두려우니라
9 너는 이웃과 다투거든 변론만 하고 남의 은밀한 일은 누설하지 말라
10 듣는 자가 너를 꾸짖을 터이요 또 네게 대한 악평이 네게서 떠나지 아니할까 두려우니라

7

숨겨진 일과
나타난 일

증거는 충분하다

믿지 않는 분들에게 전도를 하다 보면 "저도 믿고 싶어요. 그런데 하나님이 계신지 어떻게 알 수 있습니까? 그 증거를 보여 주세요. 믿겠습니다" 하는 말을 많이 듣습니다. 그러면 어느 정도의 증거를 제시하면 의심하지 않고 믿을 수 있을까요?

유명한 영국의 회의론자 버트런드 러셀(Bertrand Russell)은 이런 말을 했습니다.

"하나님이 인간을 사랑하신다면 왜 하나님 믿는 것을 이렇게 어렵게 만들어 놓았을까? 전능한 하나님이라면 자기 존재를 믿게 하는 일이 그렇게 어렵지 않았을 텐데."

기자가 그에게 물었습니다.

"만약 하나님 앞에 섰을 때 '왜 너는 하나님을 믿지 않았느냐?'라는 질문을 받는다면 뭐라고 대답하겠습니까?"

"충분한 증거가 없었기 때문이라고 대답하겠습니다."

"그럼 어떤 조건이 충족되면 믿겠습니까?"

"글쎄요. 하늘에서 소리가 들린다면, 그리고 그 말대로 이루어진다면 믿어야겠지요."

그러나 성경은 이미 말씀했습니다.

> 하늘이 하나님의 영광을 선포하고 궁창이 그 손으로 하신 일을 나타내는 도다 시 19:1

하늘을 보면 거기에 하나님이 살아 계신 증거가 나타나 있다는 말입니다. 반짝이는 별이 가득하고, 태양이 빛나고 있습니다. 그리고 이미 하나님이 하신 말씀이 수없이 성취되었습니다.

하나님은 하나님을 믿기 어렵게 만들어 놓지 않았습니다. 사람들이 하나님을 믿지 않는 것은 증거가 부족하기 때문이 아니라, 자기의 생각과 의지를 고집하기 때문입니다. 유명한 명제가 있습니다. "하나님은 믿으려는 사람에게는 믿을 만큼 충분한 증거를 주시고, 의심하려는 자에게는 충분히 의심할 만큼 증거를 주신다." 결국 하나님을 믿고 안 믿고는 증거의 문제가 아닙니다. 그가 진심으로 하나님을 찾는가, 아닌가에 달려 있는 것입니다. 그래서 하나님은 다음과 같이 약속하셨습니다.

> 너희가 온 마음으로 나를 구하면 나를 찾을 것이요 나를 만나리라 렘 29:13

저는 증거를 요구하는 분들에게 이렇게 말합니다. "지금까지 살아온 인생만 정직한 마음으로 살펴보면 내 힘으로 살지 않았다는 것을 알게 되고, 하나님이 나를 도우셨다고 믿게 될 것입니다."

잠언 25장의 배경

잠언 25장부터는 새로운 단락이 시작되는데, 그 배경은 1절에서 소개됩니다.

> 이것도 솔로몬의 잠언이요 유다 왕 히스기야의 신하들이 편집한 것이니라
> 잠 25:1

잠언 25-29장은 히스기야왕의 신하들에 의해 편집되었습니다. 편집 목적은 일반 백성을 교훈하기 위해서입니다. 그 이전의 잠언이 주로 젊은 남자들, 그중에서도 귀족들이 주 대상이었다면 히스기야왕 때 편집한 잠언은 일반 백성을 위한 것입니다. 왜 솔로몬의 잠언을 히스기야의 신하들이 수집해서 편집했을까요? 이유가 있습니다. 남유다 히스기야왕 때 이스라엘 역사에서 아주 중요한 사건이 발생합니다. 북이스라엘이 앗수르에 의해 멸망한 사건입니다. 정치적으로는 북이스라엘과 남유다로 나누어져 있었지만 본래는 같은 민족입니다. 그래서 서로 싸우기도 하고 때로는 협조도 하면서 공존했는데, 한쪽이 멸망한 것입니다. 12지파 중에 북이스라엘이 10지파이고, 남유다는 2지파로 구성되어 있었는데, 훨씬 더 큰 나라

가 망했으니 남유다가 받았을 충격은 어떠했을까요? 북이스라엘의 백성들은 포로로 잡혀 갔고, 일부는 남쪽으로 내려왔습니다.

이런 상황에서 히스기야에게 주어진 과제는 무엇이었을까요? 사라진 북이스라엘의 민족문화를 보존해야 했습니다. 동시에 지금까지 따로 살았던 북이스라엘 백성들과 함께 살아갈 방법을 제시해야 했습니다. 통합 과제를 안고 있었고, 더 나아가서 남유다의 정체성을 확립하고 미래의 비전을 제시해야 할 필요성을 느낀 것입니다. 그래서 시작한 일이 종교개혁입니다. 율법을 재정비하고, 흩어진 잠언을 수집해서 그 의미를 재해석하고 백성들을 가르치려 했던 것입니다.

잠언 25장은 이러한 배경 속에서 세 가지를 말합니다. 첫째, 하나님은 어떤 분인가? 그들이 잘 안다고 생각했던 하나님이 이해할 수 없는 일을 행하셨습니다. 둘째, 국가의 흥망성쇠에 결정적인 역할을 하는 왕이란 도대체 어떤 존재인가? 왕이 할 일은 무엇인가? 셋째, 백성들은 하나님과 사람들 앞에서 어떻게 살아가야 하는가?

숨어 계신 하나님

먼저 하나님은 숨기시는 분입니다.

> 일을 숨기는 것은 하나님의 영화요 일을 살피는 것은 왕의 영화니라
> 잠 25:2

무슨 의미일까요? 우리는 하나님을 다 알 수가 없다는 말입니다. 하나님은 너무도 크고 높고 깊은 분이시기 때문에, 하나님이 하시는 일을 우리는 다 이해할 수 없습니다. 하나님은 인간의 이성과 합리적 판단으로 파악할 수 없는 분입니다. 이런 의미에서 하나님은 숨어 계십니다. 신학 용어로 숨어 계신 하나님(Deus absconditus)입니다.

만약 우리가 하나님을 대면하여 질문할 수 있다면, 물어보고 싶은 게 많을 것입니다. 그러나 질문한다고 하나님을 다 알 수 있을까요? 없습니다. 그런데 어리석은 사람들은 하나님을 다 안다고 착각해서 "하나님은 이런 분이다. 이렇게 하실 것이다" 하며 함부로 말합니다. 어리석은 것입니다. "하나님, 왜 이렇게 하십니까? 그것은 하나님의 실수입니다" 하며 우리는 따지고 대들 수 없습니다.

욥은 고난 속에서 질문했습니다.

"왜 나에게 이런 고통을 줍니까? 나는 이런 고난을 당할 만큼 죄인은 아닙니다. 그런데 왜 이렇게 괴롭게 하십니까?"

그러나 하나님은 오히려 욥에게 질문합니다.

"너는 아느냐? 세상이 어떻게 창조되었는지, 사람이 어떻게 세상에 태어나는지? 너는 태양의 길을 아느냐? 바닷속의 신비를 아느냐? 모든 짐승들이 무엇을 먹고 사는지 너는 아느냐? 왜 타조가 그렇게 빨리 뛰는지 아느냐?"

하나님의 질문에 욥은 하나도 대답하지 못했습니다. 결국 그는 뭐라고 했을까요?

"제가 아무것도 모르면서 하지 말아야 할 말을 너무 많이 했습니다. 제 손으로 입을 가릴 뿐입니다."

숨긴다는 것은 신비를 말합니다. 세상에 신비한 일이 많습니다. 왜 나 같은 죄인을 사랑하시는지 알 수 없습니다. 신비입니다. 내가 언제 죽을지도 모릅니다. 알고자 해도 가르쳐 주지 않습니다. 말씀한다고 해도 다 이해할 수 없습니다. 하나님은 숨기십니다. 그러므로 숨겨진 것이 은혜입니다.

우리는 모르지만 하나님은 알고 인도하십니다. 우리는 나중에 깨닫고 '아, 그래서 하나님이 그런 일을 주셨구나' 알 수 있을 뿐입니다. 그러므로 살면서 정말 하나님의 뜻을 모르겠으면 "주님, 저는 모릅니다. 그러나 이 모든 것이 다 하나님의 지혜와 사랑 속에 있음을 믿습니다. 영광을 받으소서. 주님을 찬양합니다" 하며 맡겨드리면 됩니다.

일을 잘 살피는 왕

두 번째로 왕은 무엇을 해야 하는가 말씀합니다. 하나님이 숨기셨으니 아무것도 알 필요가 없습니까? 그냥 모르고 살아가면 될까요? 아닙니다. 일을 살피는 것이 왕의 영화입니다. 하나님이 우리에게 나타내신 부분이 있습니다. 그것을 계시라고 합니다. 드러난 계시는 부지런히 살펴서 그 속에 담긴 하나님의 뜻을 이루어야 합니다.

살핀다는 것은 주의를 집중해서 자세히 찾는 것을 말합니다. 하나님이 지금 나에게 무엇을 말씀하시는지 살피면서 다스려야 합니다. 그럴 때 나라도 견고하고, 왕도 백성의 존경을 받게 됩니다. 왕은 절대자나 신이 아니고, 하나님의 심부름꾼입니다. 하나님의 의도, 하나님이 나타내신 뜻을 잘 살펴서 그 뜻에 맞게 행하는 사람입니다. 그 일을 잘 감당할 때 영광을 얻는 것입니다.

하나님의 뜻을 드러내는 계시에는 다양한 방법이 있습니다. 가장 중요한 것이 하나님의 말씀입니다. 그리고 나라의 법입니다. 역사가 있고, 개인의 양심이 있고, 눈에 보이는 현실도 있습니다. 그러므로 하나님의 뜻을 알려면 하나님의 말씀을 연구해야 합니다. 나라의 법이 잘 시행되고 있는지, 관리들은 법을 제대로 집행하는지 잘 살펴야 합니다. 또한 역사는 어떻게 진행되고 있는지, 백성의 삶의 현실은 어떠한지, 백성은 어떤 생각을 가지고 있는지 살펴야 합니다.

그런데 사람들은 어떻게 할까요? 거꾸로 합니다. 하나님이 숨기는 것을 어떻게든 알아내려고 합니다. 반대로 이미 알려 주신 것은 살펴서 행하려고 하지 않습니다. 예를 들면 예수님의 재림 시기에 지대한 관심을 갖는 것입니다. 예수님은 "그날과 그때는 아무도 모르나니 하늘의 천사들도, 아들도 모르고 오직 아버지만 아시느니라"(마 24:36)고 하셨습니다. 그런데 사람들은 기어코 알아내려고 합니다.

> 감추어진 일은 우리 하나님 여호와께 속하였거니와 나타난 일은 영원히 우리와 우리 자손에게 속하였나니 이는 우리에게 이 율법의 모든 말씀을 행하게 하심이니라 신 29:29

이 구절을 이해하면 신비주의에 빠지지 않고 신앙생활을 잘할 수 있습니다. '감추어진 일'과 '나타난 일'이 있다고 합니다. 감추어진 일은 하나님께 속했습니다. 나타난 일은 우리와 우리 자손에게 속했습니다. 하나님의 신비에 속한 것을 억지로 알려 하지 말라고 합니다. 그러나 나타내고 보여 주신 일은 부지런히 살펴보라고 합니다. 대표적인 것이 하나님의 말씀입니다. 말씀을 연구하고 실천하며 순종할 때 우리 자손이 보고 배울 것임을 분명히 말씀하고 있습니다.

이렇게 살피게 되면 그 결과는 무엇일까요?

> 하늘의 높음과 땅의 깊음 같이 왕의 마음은 헤아릴 수 없느니라 잠 25:3

이렇게 살피는 사람을 다른 사람들이 헤아릴 수 없습니다. 왜냐하면 살피고 또 살피는 사람은 다른 사람이 보지 못하는 것을 보게 됩니다. 다른 사람보다 더 멀리, 더 깊이 바라볼 수 있습니다. 그럴 때 새로운 안목이 생겨나는 것입니다.

회사에는 대표도 있고, 직원도 있습니다. 같은 회사에 있지만 같은 생각을 하는 것은 아닙니다. 직원들은 자기에게 주어진 일에 집중합니다. 회사의 방향성과 미래에 대해 심도 있게 고민하지는 않습니다. 그러나 대표는 5년 후, 10년 후 회사의 발전을 고민합니다. 연구하고, 노력하고 언제나 살핍니다. 이것이 지도자의 영광입니다. 대표가 그 일을 잘할 때 회사도 발전하고, 대표도 영예를 받게 됩니다.

사람은 하나님의 뜻을 다 알 수 없기에 언제나 겸손해야 합니다. 주님께 묻는 자세를 가져야 합니다. 하나님의 뜻이 어디에 있는지를 묻고 순종하는 사람이 하나님의 심부름꾼이며, 지도자가 가진 영광입니다. 우리 각자에게 주어진 일들이 있습니다. 우리에게 나타내신 일을 잘 살펴야 합니다. 하나님 앞에서 내가 할 일을 잘 살펴서 정성껏 할 때 하나님이 칭찬하시고 영광을 주십니다.

요즘은 진급하기 어렵다고 합니다. 그런데 살피는 마음이 있으면 됩니다. 주인의식을 가지면 된다는 것입니다. 주인의식을 가진 사람이 나중에 주인이 됩니다.

정치란 무엇인가

하나님의 뜻을 잘 분별하기 위해서는 어떻게 해야 할까요? 찌꺼기를 제거해야 합니다("은에서 찌꺼기를 제하라 그리하면 장색의 쓸 만한 그릇이 나올 것이요" 4절). 그래야 쓸 만한 그릇이 됩니다. 또한 주변이 깨끗하도록 노력해야 합니다("왕 앞에서 악한 자를 제하라 그리하면 그의 왕위가 의로 말미암아 견고히 서리라" 5절). 권력의 주변에는 사람들이 몰려듭니다. 권력을 이용해서 이익을 얻으려는 사람들이 달라붙는 것입니다. 그러므로 다른 의도가 있거나 악한 마음을 가진 사람과 거리를 두어야 합니다. 지도자는 자신을 깨끗하게 해야 하고, 자기 주변도 깨끗하도록 노력해야 합니다. 정치란 소극적으로는 국가와 사회 속에서 찌꺼기를 제거하는 것이고, 적극적으로는 하나님의 뜻을 살펴서 실천하는 것입니다.

겸손하고 화목한 백성

그렇다면 백성은 어떻게 살아야 할까요? 겸손해야 합니다("왕 앞에서 스스로 높은 체하지 말며 대인들의 자리에 서지 말라" 6절). 아마 이런 말을 하고 싶었던 것은 아닐까요?

"하나님께 왜 나라를 망하게 했느냐고 건방지게 따져 묻지 말고, 겸손해라. 찌꺼기를 제거하여 쓸 만한 그릇으로 만들려는 것이 '고난'이다. 스스로 정결하게 하지 못했기 때문에 하나님이 이방 나라를 통해 그 일을 하시는 것이다."

또한 서로 간에는 다투지 말아야 합니다("너는 서둘러 나가서 다투지 말라 마침내 네가 이웃에게서 욕을 보게 될 때에 네가 어찌할 줄을 알지 못할까 두려우니라" 8절). 사이좋게 지내야지요. 그러나 부득이 서로 싸울 수도 있습니다. 그러나 싸우더라도 쟁점이 되는 그 문제만 가지고 싸워야 합니다("너는 이웃과 다투거든 변론만 하고 남의 은밀한 일은 누설하지 말라" 9절). 상대방의 비밀을 들추거나 약점을 폭로하면서 싸우지 말아야 합니다. 그래야 관계가 깨지지 않습니다. 늦은 귀가 문제로 다투게 되었다면 그 문제만 가지고 말해야지 "당신은 언제나 그래. 당신 집안이 원래 그래!" 한다면 감정의 골이 깊어집니다. 이렇게 싸우기 시작하면 이기지도 못하지만, 이긴다고 해도 나를 향한 비난은 사라지지 않습니다.

우리가 할 일은 하나님이 우리에게 나타내신 일을 부지런히 살펴 그 속에 담긴 하나님의 뜻을 깨닫고 실천하는 것입니다. 이를 위해 우리 주변을 깨끗하게 하고, 겸손하게 이웃과 함께해야 합니다. 그렇게 살아갈 때 우리는 다른 사람들이 볼 수 없는 것을 보게 되고, 나를 향한 하나님의 뜻을 분명히 알게 됩니다.

저는 요즘 이런 질문을 많이 받습니다. "나라를 생각해도 막막하고, 이 땅의 교회를 생각해도 답답하고, 나 개인의 미래를 생각해도 속 시원한 대답은 없습니다. 도대체 어떻게 해야 하나요?" 저는 대답합니다. "우리가 어떻게 다 알겠습니까? 한 치 앞도 모르는 것이 인생입니다. 그러나 우리나라도, 이 땅의 교회도, 나 자신의 미래도 모두 하나님의 지혜와 사랑 속에 있음을 믿습니다. 다만 오늘 우리가 할 수 있는 일이 뭔지 잘 살펴서 최선을 다하면 됩니다. 작고 초라하지만 그 일을 통해 하나님은 역사하실 것입니다."

함께
이야기하기

1 알 수 없는 일이 나에게 일어났을 때, 하나님께 어떻게 응답했나요? 시간이 지나서 하나님의 뜻을 알게 된 일이 있다면 나눠 봅시다.

2 지도자가 해야 할 일은 무엇인가요? 내가 속한 공동체에 주시는 하나님의 뜻을 지도자가 잘 분별하기를 기도합시다.

3 하나님의 뜻을 알고자 할 때, 방해가 되거나 걸림돌이 되는 것들이 있다면 무엇인가요?

함께 기도하기

일을 숨기시는 하나님!
우리는 하나님이 하시는 일을 다 알 수 없습니다.
숨겨진 부분에 대해 우리의 한계를 인정하게 하소서.
다만 우리는 나타난 일을 잘 살펴서
나를 통해 하나님이 무엇을 이루고자 하시는지 깨닫고
그 길로 행하게 하소서.
고난은 하나님이 우리를 깨끗하게 만드는 기회인 것을 알고
하나님 앞에서 겸손하게 하소서.
서로 간에 의견이 맞지 않을 때 상대방의 비밀을 폭로하거나
약점을 가지고 인신공격을 하지 말고,
문제 되는 부분만을 다루어 관계를 잘 풀어 가게 하소서.

잠 25:11-17

11 경우에 합당한 말은 아로새긴 은 쟁반에 금 사과니라
12 슬기로운 자의 책망은 청종하는 귀에 금 고리와 정금 장식이니라
13 충성된 사자는 그를 보낸 이에게 마치 추수하는 날에 얼음 냉수 같아서 능히 그 주인의 마음을 시원하게 하느니라
14 선물한다고 거짓 자랑하는 자는 비 없는 구름과 바람 같으니라
15 오래 참으면 관원도 설득할 수 있나니 부드러운 혀는 뼈를 꺾느니라
16 너는 꿀을 보거든 족하리만큼 먹으라 과식함으로 토할까 두려우니라
17 너는 이웃집에 자주 다니지 말라 그가 너를 싫어하며 미워할까 두려우니라

8

마음을
시원하게 하는 사람

마음이 시원한 이유

지방에 볼일이 있어서 기차를 타고 가는 길이었습니다. 잠깐 확인할 것이 있어서 성경을 보게 되었습니다. 옆에 앉은 남자분이 못마땅했는지, 저를 올려다보며 헛기침을 했습니다. 그냥 모르는 척할까 하다가 "교회 다니세요?" 하고 물었습니다.

"옛날에는 다녔지만 지금은 안 다닙니다. 다니면 뭐해요?"

"무슨 일이 있으셨나 보군요?"

"내가 예수 믿는 사람하고 동업했다가 사기당했습니다!"

참 민망했습니다. 내릴 때가 되었는데, 마땅히 해줄 말이 생각나지 않아 속으로 기도했습니다. 그러다 내리면서 이렇게 말했습니다.

"선생님, 돈은 손해 봤지만 더 중요한 신앙에는 손해 보지 마십시오. 돈 떼인 것도 억울한데, 그 사람 때문에 지옥 가면 얼마나 억울합니까? 하나님 보고 다니지 사람 보고 다닙니까? 그러니 교회는 꼭 다니세요." 그러고는 설교 말씀 책자를 주고 내렸습니다.

그런데 며칠 후에 이런 문자가 왔습니다.

"기차에서 만났던 사람입니다. 목사님이셨군요. 잃어버린 믿음을 찾게 해 주셔서 감사합니다. 하나님이 저를 버리지 않으신 것 같습니다."

그 말을 듣고 얼마나 마음이 시원했는지 모릅니다.

우리는 살아가면서 이웃과 관계를 맺습니다. 관계 안에서 소통은 대개 말을 통해서 이뤄집니다. 말하고, 듣고, 행동하는 것이 반복되며 서로의 관계가 이뤄집니다. 어떻게 말하고, 어떻게 듣고, 어떻게 행동하느냐에 따라 서로의 마음이 시원하게 되기도 하고, 서로의 관계가 불편해지기도 합니다.

본문은 삶에서 중요한, 말하고 듣고 실천하는 것에 대해 말씀하고 있습니다. 일반 백성을 위해 편집한 잠언답게 비유가 많이 나옵니다. 비유는 이미 잘 알고 있는 것, 또한 눈에 구체적으로 보이는 것을 통해서 잘 모르는 것, 눈에 보이지 않는 것을 설명하는 방법입니다. 이해하기 쉽고, 그림처럼 연상되기 때문에 기억하기 좋습니다. 그래서 예수님도 일반 백성을 가르칠 때는 비유가 아니면 말씀하지 않으셨다고 했습니다. 고기 잡는 사람들, 농사짓는 사람들, 장사하는 사람들이 알고 있는 이야기를 통해 하나님 나라의 진리를 이해할 수 있게 말씀하셨습니다. 본문도 많은 비유를 통해 어떻게 행동할 것인가를 전하고 있습니다.

경우에 합당한 말

첫 번째 주제는 '말하기'입니다.

> 경우에 합당한 말은 아로새긴 은 쟁반에 금 사과니라 잠 25:11

"아로새긴 은 쟁반에 금 사과"는 당시에 굉장히 귀한 장식품입니다. 과일은 맛도 좋지만 보기에도 아름답기 때문에 그것으로 장식도 했습니다. 추수감사절에 과일로 장식하면 그 자체로 아름답습니다. 그러나 과일은 잘 썩거나 말라 버리기 때문에 과일 모양을 본떠 장식품을 만들었습니다. 옛날 왕궁이나 귀족의 집에는 아로새긴 은 쟁반에 금 사과를 만들어 장식했습니다. 그것을 보는 사람들은 감탄했겠지요? 그러니까 '아로새긴 은 쟁반에 금 사과'는 아주 보기 좋고, 귀한 것입니다. 이처럼 '경우에 합당한 말'은 눈에 보이지 않지만, '아로새긴 은 쟁반에 금 사과'처럼 아름답고 귀한 것이라는 의미입니다.

그런데 "경우에 합당한 말"이란 무엇일까요? 어떤 환경과 처지, 상황에 꼭 필요한 말입니다. 어떤 어머니가 자녀의 미래가 걱정돼 불안하고 마음이 무너졌다고 합니다. 그때 "기도하는 어머니의 자식은 망하지 않는다"는 말을 듣고는 큰 위로를 받았습니다. 그래서 "맞습니다, 하나님! 아이를 위해 걱정하지 않고 기도하겠습니다. 지금은 부족해도 하나님 보시기에 아름답고, 세상에서 자기 몫을 감당하는 아이가 될 것을 믿습니다" 고백하며 힘을 얻어 기도에 힘쓰게 되었다고 합니다. 이 어머니의 경우에 이 문장은 경우에 합당한 말이었습니다.

어떤 사장님이 이런 고백을 했습니다. "사업을 하다 보면 실수도 하고, 손해 볼 때도 많습니다. 저는 예민한 성격이기 때문에 그럴 때마다 실패의식에 사로잡히고, 가슴이 쓰려서 아주 회복하기 힘들었는데, 어느 날 성경을 읽다가 이런 구절을 발견했습니다. '너희는 이전 일을 기억하지 말며 옛날 일을 생각하지 말라 보라 내가 새 일을 행하리니… 이 백성은 내가 나를 위하여 지었나니 나를 찬송하게 하려 함이니라'(사 43:18-21). 이 말씀을 보면서 '그래, 맞다. 지나간 일을 기억하지 말고, 옛날 일에 붙들리지 말자. 새 일을 향해 나가야지. 내가 하나님의 백성인데, 이런 일을 통해서도 하나님을 찬송하게 될 거야. 그렇게 만들어 가실 거야' 했더니 아픈 마음이 싹 가시는 것을 느꼈습니다."

경우에 합당한 말은 정말 아름답고 소중합니다. 금보다 귀합니다. 그러니까 자꾸만 좋은 말을 하려고 노력해야 합니다.

'퇴근하는 남편에게 어떤 말을 해줄까? 어떤 말이 지친 내 남편에게 경우에 합당한 말이 될까?'

'진로를 찾지 못하는 자녀에게 어떤 말을 할까? 고민하는 자녀에게 어떤 말이 경우에 합당한 말이 될까?'

경우에 합당한 말을 하려는 그 마음, 그 자세가 바로 지혜입니다.

청종하는 귀

두 번째 주제는 '듣기'입니다. 상대방이 아무리 경우에 합당한 말을 했어도 듣는 사람이 제대로 듣지 않으면 안 됩니다. 어떻게 들어야 할까요?

슬기로운 자의 책망은 청종하는 귀에 금 고리와 정금 장식이니라 잠 25:12

'청종하는 귀'를 가져야 합니다. 청종하는 귀는 "금 고리와 정금 장식"과 같습니다. 금으로 만든 귀고리와 함께 어울리도록 만들어 놓은 목걸이나 팔찌와 같다는 것입니다. 경우에 합당한 말을 하는 입술과 그 말을 청종하는 귀는 아주 잘 어울리는 단짝이라는 것이지요. 완벽한 한 쌍의 보석 장식이고, 최고의 보물입니다. 세상에 보석이 많지만 사람을 가장 아름답게 만드는 것은 비싼 보석이 아닙니다. 아무리 값비싼 보석으로 귀를 장식했어도 그보다 더 아름다운 것은 잘 듣는 귀입니다. 나에게 패물이나 보석이 없다고 서운할 것 없습니다. 경우에 합당한 말을 하는 입과 청종하는 귀를 가졌다면 최고의 보석을 가진 사람입니다.

마음을 시원하게 하는 순종

말하고 들었으니 다음 단계는 실천해야겠죠? 그래서 세 번째 주제는 '실천'입니다. 어떻게 실천해야 할까요?

> 충성된 사자는 그를 보낸 이에게 마치 추수하는 날에 얼음 냉수 같아서 능히 그 주인의 마음을 시원하게 하느니라 잠 25:13

"충성된 사자"는 믿음직한 종입니다. 어떤 주인이 종에게 어려운 심부름을 보내 놓고 걱정합니다. '제대로 전했을까? 그 말을 잘 들었을까? 들은 대로 실천했을까?' 그런데 돌아와서 보고하는 말을 들어 보니 문제를 아주 잘 처리했습니다. 주인의 마음이 어떨까요? 시원합니다. 더할 나위 없이 흡족하다는 것입니다.

"충성된 사자"는 지혜롭고 능력 있고, 일을 잘 처리하는 종입니다. 충성스러운 사자를 무엇과 같다고 합니까? "추수하는 날에 얼음 냉수" 같다고 합니다. 추수하는 날은 강한 햇볕에 아주 더워서 땀을 많이 흘립니다. 그래서 목이 마릅니다. 그때 얼음 냉수를 마실 수 있다면 그보다 더 행복한 일은 없을 것입니다. 냉장고도 없던 시대이니 여름날에 얼음은 너무도 소중한 것입니다. 추수할 때 같은 기쁜 날에나 나오는 별미입니다. 그것을 마시면 "아, 시원하다!" 소리가 저절로 나올 것입니다.

충성스러운 종이 주인의 마음을 시원하게 한다는데, 충성이란 무엇일까요? "충성하겠습니다!" 소리를 지른다고 충성일까요? 아닙니다. 충성이란 '주인의 말씀을 잘 듣고, 잘 전하고, 그대로 실천하는 것'입니다. 하나님께 충성한다는 것은 하나님 말씀을 잘 듣고, 그 말씀을 잘 전하며, 그대로 순종하는 것입니다. 하나님은 충성하는 사람을 보며 "너를 보니 내 마음이 시원하구나!" 하며 기뻐하신다는 말입니다. 반대로 하나님의 말씀을 듣지도, 전하지도, 실천하지도 않으면 불충입니다.

성경에는 감동적인 이야기가 많지만, 다윗과 선지자 나단 이야기는 참 감동적입니다. 사무엘하 11-12장에 보면 다윗이 밧세바와 범죄했습니다. 밧세바가 임신하자, 남편을 전쟁터에서 불러 전황을 묻고 집에서 쉬라고 합니다. 그러나 그는 집으로 가지 않습니다. "하나님의 법궤가 전쟁터에 있고, 내 상관과 부하들이 전쟁터에 있는데 어찌 나만 집에 들어가 편히 쉴 수 있습니까? 그럴 수 없습니다." 다음 날 다윗은 우리아에게 술을 먹이고 집에 들어가 자라고 합니다. 그래도 그는 들어가지 않습니다. 그러자 다윗은 어떤 일을 했을까요? 총사령관 요압에게 편지를 보냅니다. "이 사람을 가장 치열한 전투 현장에 투입해 죽게 하라." 이 편지를 우리아의 손에 들려 전선으로 보냅니다. 그는 전사했습니다. '아무도 모르겠지' 다윗은 생각했습니다.

그런데 어느 날 선지자 나단이 와서 말했습니다.

"왕이여, 이런 일이 있었습니다. 어느 마을에 큰 부자가 있는데, 그에게 갑자기 손님이 찾아왔습니다. 그런데 그 부자는 자기의 많은 양 떼를 그대로 두고, 가난한 이웃의 한 마리 양을 빼앗아서 손님을 대접했습니다. 그 양은 가난한 집의 재산 전부였는데 말입니다."

이 말을 듣고 다윗은 분노합니다.

"내가 다스리는 나라에서 이런 일이 벌어지다니! 그 사람이 누구냐? 그는 죽어야 하리라. 그리고 반드시 4배나 갚아야 하리라."

그때 나단이 뭐라고 했나요?

"당신이 바로 그 사람입니다. 하나님이 당신에게 얼마나 큰 은혜를 베푸셨는데, 필요하다면 뭐든지 더 주셨을 텐데 어찌하여 이런 일을 행하였습니까?"

그 말을 듣고 다윗은 "내가 범죄하였나이다!" 하며 그 자리에서 무릎을 꿇습니다.

만약 나단 선지자가 다윗을 만나자마자 "왕이여, 어째서 당신은 간음을 했습니까? 충성스러운 부하를 어떻게 죽일 수 있습니까?" 했다면 다윗은 어떻게 반응했을까요? 변명을 하든, 반박을 하든, 화를 내든 나단 선지자가 전하고자 하는 바가 전달되지 않았을 것입니다. 그런데 나단 선지자는 이야기를 통해 풀어 갑니다. 처음부터 끝까지 다 듣게 합니다. 그 죄에 대해 공감하게 하고, 자기가 지은 죄를 보게 해 줍니다. 아프지만 받아들일 수밖에 없게 만듭니다. 경우에 합당한 말입니다.

나단 선지자가 이렇게 말할 수 있었던 이유는 무엇일까요? 기도를 많이 하면서 지혜를 얻었을 것입니다. 나단은 하나님의 음성을 들었고, 그 말을 경우에 합당하게 잘 전했습니다. 다윗은 그 말을 청종했고, 잘못을 회개합니다. 배경은 비극적이지만 너무나 멋진 장면입니다. 말하는 것과 듣는 것이 잘 이루어질 때 엄청난 문제가 해결되는 것입니다.

한편으론 말이 앞서는 사람이 되어서는 안 됩니다.

선물한다고 거짓 자랑하는 자는 비 없는 구름과 바람 같으니라 잠 25:14

이 말씀은 '말이 앞서는 사람'의 예입니다. 가만히 있는 사람에게 먼저 선물을 하겠다고 말했습니다. 상대는 그 말을 듣고 기대를 했겠지요. 그런데 말만 해 놓고 선물을 주지 않습니다. 결과가 없습니다. 이렇게 말이 앞서는 사람은 무엇과 같을까요? "비 없는 구름"과 같습니다. 가물어서 비를 기다리는데 멀리서 구름이 몰려옵니다. 그래서 '이번에는 비가 오겠지' 하고 잔뜩 기대했는데, 비 한 방울 오지 않고 사라졌습니다. 얼마나 실망이 크겠습니까? 그러므로 지키지 못할 약속은 하지 말고, 말했다면 책임을 져야 합니다.

인내와 절제

이제는 말하는 방법을 전합니다.

오래 참으면 관원도 설득할 수 있나니 부드러운 혀는 뼈를 꺾느니라 잠 25:15

부드러운 혀는 뼈를 꺾습니다. 음식 먹을 때를 생각해 봅시다. 아무리 단단한 것을 입에 넣어도 혀에 닿으면 다 녹아 버립니다. 마찬가지로 뼈처럼 단단하고 고집이 센 사람도 부드러운 말로 다 녹이고 설득할 수 있습니다. 강하게 말하면 효과가 좋을 것 같지만 절대로 상대방의 마음을 얻지 못합니다. 말이란 마음을 주고받는 수단

이기 때문에 부드럽지 않으면 마음을 닫아 버립니다. 자녀들에게도 강한 말을 자꾸 하면 반감만 생기므로 부드럽게 말해야 합니다.

하지만 말에는 절제가 필요합니다.

> 너는 꿀을 보거든 족하리만큼 먹으라 과식함으로 토할까 두려우니라
> 잠 25:16

꿀은 음식을 말하기도 하고, 삶의 즐거움을 나타내기도 합니다. 길을 가다가 야생 꿀을 보았다면 족할 만큼 먹는 것이 좋습니다. 좋은 기회가 왔을 때 그것을 놓치지 말라는 뜻입니다. 욕망이 나쁜 것인가요? 그렇지 않습니다. 좋은 것입니다. 필요하니까 욕망합니다. 욕망이 충족되어야 삶의 기쁨도 있고, 활력이 생깁니다. 그러나 정도가 넘으면 해롭습니다. 맛있는 음식을 먹으면 행복하고 기분이 좋습니다. 적당히 먹으면 건강에도 좋습니다. 그러나 과식하면 탈이 납니다.

말에도 절제가 필요합니다. 해야 할 말을 안 하면 병이 납니다. 그러나 하고 싶은 말을 다 하면서 살 수 있습니까? 그럴 수 없습니다. 말은 절제 가운데 해야 합니다. 감정을 조절하고 기회를 보면서 적당히 해야지 하고 싶은 얘기를 모두 쏟아 놓으면 하지 않느니만 못합니다.

말만이 아니라 이웃과 교제할 때도 절제가 필요합니다("너는 이웃집에 자주 다니지 말라 그가 너를 싫어하며 미워할까 두려우니라" 17절). 친하다

고 너무 자주 들락거리면 이웃이 속으로는 싫어합니다. 우리는 인간이므로 서로 교제하고, 함께 살아가야 합니다. 그러나 절제가 없다면 상대방에게 부담을 줄 수 있습니다. 무례한 사람이 되고, 좋은 관계를 지속하기 어렵습니다. 함께 있는 것이 즐겁지만 혼자 있는 시간도 필요합니다.

누군가에게 마음을 털어놓고 싶다면 주님께 가지고 나오면 됩니다. 사람은 아무리 관계가 좋아도 언제나 문제를 가지고 오면 부담스러워합니다. 그러나 주님은 그렇지 않습니다. 사람과의 친교를 넘어서는 것이 주님과의 사귐입니다.

지혜롭고 행복한 삶은 멀리 있는 것도 아니고, 특별한 사람만 소유하는 것도 아닙니다. 누구나 그렇게 살 수 있습니다. 경우에 합당한 말을 하고, 상대방의 말을 청종하며, 들은 것을 실천하면 우리의 삶은 얼마든지 행복할 수 있습니다. 그리고 부드럽게 절제하며 말해야 합니다. 이것을 알고 행하는 것이 행복을 향한 지혜입니다.

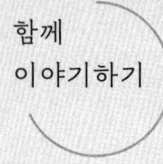
함께
이야기하기

1. 내가 들었던 '경우에 합당한 말'이나, 내가 다른 사람에게 해준 보석과 같은 이야기가 있다면 나눠 봅시다.

2. 서로의 마음을 시원하게 하는 세 가지는 무엇인가요? 표현된 비유와 함께 나눠 봅시다.

3. 말과 행동에 절제가 필요한 이유는 무엇일까요?

함께 기도하기

살아 계신 하나님!
경우에 합당한 말을 하며, 말씀을 청종하고 잘 실천하면
우리의 삶은 얼마든지 아름답고 행복할 수 있음을 알게 하소서.
무엇보다 하나님의 마음을 시원하게 해드리는 우리가 되게 하소서.
너무 많이 말하지 말고, 부드럽게 말하며, 절제하게 하소서.
친하다고 배려하지 않아서 서로가 부담스러운 일이
우리의 공동체 안에 없게 하소서.

잠 25:18-28

18 자기의 이웃을 쳐서 거짓 증거하는 사람은 방망이요 칼이요 뾰족한 화살이니라
19 환난 날에 진실하지 못한 자를 의뢰하는 것은 부러진 이와 위골된 발 같으니라
20 마음이 상한 자에게 노래하는 것은 추운 날에 옷을 벗음 같고 소다 위에 식초를 부음 같으니라
21 네 원수가 배고파하거든 음식을 먹이고 목말라하거든 물을 마시게 하라
22 그리 하는 것은 핀 숯을 그의 머리에 놓는 것과 일반이요 여호와께서 네게 갚아 주시리라
23 북풍이 비를 일으킴같이 참소하는 혀는 사람의 얼굴에 분을 일으키느니라
24 다투는 여인과 함께 큰 집에서 사는 것보다 움막에서 혼자 사는 것이 나으니라
25 먼 땅에서 오는 좋은 기별은 목마른 사람에게 냉수와 같으니라
26 의인이 악인 앞에 굴복하는 것은 우물이 흐려짐과 샘이 더러워짐과 같으니라
27 꿀을 많이 먹는 것이 좋지 못하고 자기의 영예를 구하는 것이 헛되니라
28 자기의 마음을 제어하지 아니하는 자는 성읍이 무너지고 성벽이 없는 것과 같으니라

9

더불어 사는 지혜를 배우십시오

더불어, 함께

인도의 성자로 불리는 선다 싱(Sundar Singh)이 추운 겨울날 히말라야산맥을 친구와 같이 걸어가고 있는데, 어떤 사람이 눈 위에 쓰러져 있는 것을 발견했습니다. 다가가 보았더니 아직 숨을 쉬고 있었습니다. 선다 싱은 친구에게 "이 사람을 데리고 가자"고 했습니다. 하지만 친구는 "이렇게 추운데 머뭇거리면 우리도 얼어 죽을 수 있으니 그냥 가자"고 했습니다. 데려가는 문제로 설왕설래하다가 친구는 "나는 못 하겠으니 알아서 하라"며 혼자 길을 떠났습니다. 선다 싱은 죽어 가는 그 사람을 업고 걷기 시작했습니다. 무겁고 힘들었지만 있는 힘을 다해 걸었습니다. 한참을 가다 보니 앞에 어떤 사람이 쓰러져 있었습니다. 다가가 보니 먼저 떠난 친구가 얼어 죽어 있었습니다. 그런데 그 사람을 업고 오던 선다 싱의 몸에 열이 나서 자기도 살고, 죽어 가던 사람도 깨어났습니다. 업혀 있던 사람이 선다 싱에게 말했습니다. "당신 덕분에 내가 살았습니다. 당신이 너무 힘들어 보이니 이제는 내게 업히십시오." 그래서 두 사람은 서로 의지하면서 산을 넘었다고 합니다. 사람은 혼자 살 수 없는 존재입니다. 다른 사람과 더불어, 함께 살아야 합니다. 그래서 인간입니다.

'함께 사는 이 세상을 어떻게 바라볼 것인가'에 대한 세 가지 관점이 있습니다. 첫째, 정글로 보는 입장입니다. 여기에서의 가치는 약육강식입니다. 강한 자가 약한 자를 잡아먹는 것입니다. '네가 없어져야 내가 살 수 있다.' 이런 생각을 가진 사람들이 많아서 세상은 힘들고 복잡해지는 것입니다. 둘째, 세상을 운동경기장으로 보는 입장입니다. "게임은 공정해야 한다. 그러나 승자는 한 사람뿐이다." 승자독식의 원칙입니다. 처음 시작할 때는 다 희망이 있습니다. 그러나 마지막 승자는 한 사람뿐이고, 나머지는 패자가 됩니다. 대부분이 불행합니다. 셋째, 오케스트라로 보는 것입니다. 오케스트라 안에는 다양한 악기와 파트가 있습니다. 그것이 각각 자기의 소리를 내면서 멋진 화음을 만들어 냅니다. 서로가 있으므로 풍성해지고, 서로가 서로를 완성합니다. 이 셋 중에서 어떤 입장이 좋을까요?

지혜롭고 행복한 삶은 멀리 있는 것도 아니고, 특별한 사람만 소유하는 것도 아닙니다. 이웃과 더불어 살아가는 모습 속에서 지혜롭고도 행복한 삶을 발견할 수 있습니다. 사람은 혼자 살 수 없는 존재입니다. 하지만 세상을 바라보는 여러 입장에 익숙해지면, 약육강식과 승자독식의 모습으로 홀로 살아가기도 합니다. 그렇다면 함께 살아가는 세상에서 서로 다른 사람들이 어떻게 함께 어울려 잘 살아갈 수 있을까요?

입 조심하기

이웃과 더불어 살기 위해서는 맨 먼저 입을 조심해야 합니다 ("자기의 이웃을 쳐서 거짓 증거하는 사람은 방망이요 칼이요 뾰족한 화살이니라" 18절). "이웃을 쳐서"라는 말은 다른 사람을 깎아내리고, 상처를 주고, 험담하는 것을 말합니다. 이런 사람은 "방망이요 칼이요 뾰족한 화살"과 같습니다.

방망이, 칼, 뾰족한 화살은 그 당시에 살인 무기들입니다. 방망이는 철퇴를 말합니다. 요즘 말로는 쇠파이프입니다. 휘두르면 다 부서집니다. 칼은 모든 것을 베어 버리지요. 뾰족한 화살로는 심장을 찌를 수 있습니다. 그러나 이것보다 더 무서운 무기가 있습니다. 바로 말입니다. 다른 사람을 험담하는 말은 어떤 무기보다도 더 큰 상처를 줍니다. 칼에 베인 상처는 금방 낫지만 말로 베인 상처는 평생을 갑니다. "내가 뭘 어쨌다고 그래? 말 한마디 한 것밖에 없는데!"라고 해서는 안 됩니다. 겉으로 볼 때는 말에 불과하지만 그것으로 얼마든지 사람을 죽일 수 있음을 알아야 합니다. 나는 상처를 주지만 상처를 받고 싶지는 않겠지요? 그러나 그럴 수는 없습니다.

> 북풍이 비를 일으킴같이 참소하는 혀는 사람의 얼굴에 분을 일으키느니라
> 잠 25:23

참소하는 혀는 사람의 얼굴에 분노를 일으킵니다. 이것은 마치 "북풍이 비를 일으킴"과 같습니다. 이스라엘은 지형 때문에 북쪽 헤

르몬산 쪽에서 바람이 불면 반드시 비가 옵니다. 그러므로 북풍이 불면 '비가 오겠구나' 생각합니다. 마찬가지로 참소하는 사람을 보면 '너도 당하겠구나'를 알라는 것입니다. 물론 누가 누구를 참소하는지 당장은 모릅니다. 앞에서는 굽실거리고 칭찬하고, 뒤에 가서는 참소하고 넘어뜨리는데 어떻게 알겠습니까? 그러나 비밀은 오래 가지 않습니다. 결국 그 말은 돌고 돌아서 참소당한 사람의 귀에 들려옵니다. 그 말을 들으면 그 사람은 분노합니다. 결국 참소하는 혀는 분노를 일으키는 것입니다. 그러므로 사람이 진실해야 하고, 말을 조심해야 합니다. 그래야 더불어 살 수 있습니다.

환난 날에 붙잡을 것은

살다가 어려운 일을 만났을 때는 어떻게 해야 할까요?

> 환난 날에 진실하지 못한 자를 의뢰하는 것은 부러진 이와 위골된 발 같으니라 잠 25:19

힘들고 어려운 일을 만나면 지푸라기라도 붙잡고 싶은 심정이 됩니다. 그럴 때 무엇을 붙잡아야 할까요?

선거에 어떤 후보가 나왔습니다. 처음에는 여유를 보였지만 "박빙이다. 안심할 수 없다"라는 소리를 듣고는 얼굴이 까매지더니, 점을 치러 가 버렸습니다. 이 사람은 무엇을 붙잡는 사람일까요? 사람의 마음속에 뭐가 들었는지는 위기를 당할 때 드러납니다.

중요한 시험을 앞두었을 때, 사업이 위기를 만났을 때, 질병에 걸려서 생사가 위태로울 때 마음이 약해져 이상한 말에 귀를 기울이면 안 됩니다. 위기일수록 아무거나 붙잡아서는 안 됩니다. 이것은 마치 "부러진 이"와 같습니다. 부러진 이빨로 무언가를 씹으려 해 보세요. 겉으로는 이빨이 있으니까 씹을 수 있을 것 같지만 아무것도 씹을 수 없습니다. 오히려 더 아프기만 할 뿐입니다. 또 "위골된 발"과도 같습니다. 발뼈가 부러졌습니다. 겉으로 볼 때는 멀쩡하지만 힘을 주고 일어설 수가 없습니다. 발을 내디딜 수 없고 아프기만 할 뿐입니다. 진실하지 못한 자를 의지하는 것은 이와 같습니다. 도움이 될 것 같아 보이지만 사실은 전혀 도움이 되지 않습니다.

힘들 때일수록 믿을 수 있는 것, 언제나 변함이 없는 것을 붙잡아야 합니다. 영원토록 변치 않는 것이 무엇일까요? 하나님입니다. 하나님의 말씀입니다. 어려울 때 하나님의 이름을 불러야지, 우상의 이름을 부르면 되겠습니까?

나의 환난 날에 내가 주께 부르짖으리니 주께서 내게 응답하시리이다
시 86:7

너무 힘들 때는 누군가를 찾아가서 도움을 요청하는 것도 좋은 방법입니다. 그러나 그것이 전부가 아닙니다. 이 사람 저 사람에게 힘들다고 떠들어 대도 해결되지 않습니다. 사람을 의지하는 것이 아니라, 하나님께 그 문제를 가지고 나가야 합니다.

한편, 다른 사람이 나에게 와서 힘들다고 호소할 때는 어떻게 해야 할까요?

> 마음이 상한 자에게 노래하는 것은 추운 날에 옷을 벗음 같고 소다 위에 식초를 부음 같으니라 잠 25:20

이웃이 어려운 일을 만나서 마음이 상했다면, 함께 아파하고 위로해야 합니다. 힘들어하는 사람 앞에서 노래를 부르면 되겠습니까? 마음이 상한 사람 앞에서 노래를 부르는 것은 "추운 날에 옷을 벗음"과 같습니다. 위로를 받고 싶어서 나를 찾아왔다면 따뜻하게 품어 주어야지 그 앞에서 노래를 부른다면 추운 사람의 옷을 벗기는 것과 같다는 것입니다. 더 춥고, 쓸쓸하고, 버림받은 느낌까지 들게 한다는 것입니다.

이런 모습은 "소다 위에 식초를 부음"과 같습니다. 소다는 거품이 일어납니다. 그 위에 식초를 부으면 어떻게 되겠습니까? 부글부글 끓어서 넘치게 됩니다. 어려운 일을 만나서 마음이 힘든 사람의 마음을 편안하게 가라앉혀야 합니다. 그러려면 공감이 필요합니다. "그렇구나, 힘들겠구나" 인정해 주고 다독여 주어야 합니다. '불 난 집에 부채질'하면 안 됩니다.

아이가 가출한 어느 집에 심방을 간 적이 있습니다. 부모님의 마음이 어떻겠습니까? 예배를 드리면서 말했습니다. "얼마나 힘드세요? 그러나 아이들은 열두 번도 더 변하잖아요? 지금은 막막하지만 잠깐의 방황일 뿐입니다. 그래도 그 애는 부모님을 사랑하고 신앙이 있는 아이입니다. 함께 기도하면서 이겨 냅시다." 이렇게 말하고 있는데, 누군가 옆에서 이런 말을 했습니다. "걔가 집을 나갔어요? 우리 애하고 제일 친한데 우리 애는 안 나갔으니 다행이다!" 하며 찬물을 끼얹었습니다. 그 이야기를 들은 부모의 마음은 어떨까요? 어려운 일을 만난 사람에게 가르치려고 하지 마세요. "기도 안 해서 그래"라는 말도 하면 안 됩니다. 일단은 위로를 해야지요. 마음을 가라앉게 해 주어야 합니다.

원수를 사랑하는 것은

그런데 어려움을 당한 사람이 원수라면, 어떻게 해야 할까요?

네 원수가 배고파하거든 음식을 먹이고 목말라하거든 물을 마시게 하라
잠 25:21

"에이 잘 됐다" 하며 기뻐하지 말라는 것입니다. "원수가 배고파하거든 음식을 먹이고 목말라하거든 물을 마시게 하라"는 말을 오해하면 안 됩니다. 원수를 사랑하라고 해서 원수에게 사업자금 대주고, 집 사 주며 그 사람의 명예를 높여 주라는 뜻이 아닙니다. 아무리 원수라도 생명이 왔다 갔다 할 때는 도와주라는 것입니다. 그렇게 하면 나만 억울합니까? 아닙니다.

> 그리 하는 것은 핀 숯을 그의 머리에 놓는 것과 일반이요 여호와께서 네게 갚아 주시리라 잠 25:22

고대 이집트 문헌인 〈아메네모펫의 교훈〉을 보면, 고대 이집트에서는 어떤 사람이 잘못하면 그를 부끄럽게 만들기 위해서 그 사람 머리 위에 숯을 담은 화로를 올려놓는 의식을 했다고 합니다. 원수를 선대함으로써 그를 부끄럽게 하는 것입니다. 더 중요한 것은 하나님이 갚아 주신다는 것입니다. 내가 직접 원수를 갚으려고 할 게 아니라, 하나님께 맡겨야 합니다. 우리 역할은 심판자가 아니라 사랑의 메신저입니다.

성경에는 원수를 사랑하라는 말이 많이 나옵니다. 왜 우리가 원수를 사랑해야 하는지를 신학적으로 설명하겠습니다. 구약과 신약에 사랑에 관한 많은 구절이 나오지만 대표적으로 한 구절만 선택한다면 로마서 5장 8-10절입니다. 우리가 아직 죄인 되었을 때, 하나님의 원수가 되었을 때, 예수님이 우리를 위해 십자가에 죽으심으로 하나님의 사랑을 확증했습니다. 하나님이 우리에게 아들을 보낸 시점은 우리가 하나님을 찾거나 성숙했을 때가 아닙니다. 죄인이었고, 원수였을 때입니다. 그러니까 우리가 받은 사랑이 바로 하나님이 원수를 사랑한 그 사랑이라는 말입니다. 하나님의 원수 사랑의 결과 때문에 우리가 예수를 믿고 하나님의 자녀가 되어 지금 이 자리에 있는 것입니다.

그래서 하나님은 우리에게 말씀하십니다. "네가 성도라면, 하나님의 사랑을 받은 자라면, 예수를 믿는다면 너도 원수를 사랑해야 한다." 세상 사람들은 원수에게 끝까지 보복하는 것이 마땅하다고 생각합니다. 그러나 하나님이 베푸신 사랑이 얼마나 크고 위대한가를 보여 주는 것이 '원수 사랑'입니다. 우리가 원수를 사랑할 수 있다면 하나님의 사랑을 받았음을 인정하는 것이고, 거기에 바로 응답하는 것입니다. 원수를 사랑하면 우리가 받은 하나님의 사랑이 얼마나 크고 위대한지 세상은 알게 될 것입니다. 십자가 속에는 원수를 사랑할 능력이 들어 있습니다. 그래서 원수를 사랑하라는 것입니다. 그러나 아직도 원수 사랑은 너무나 낯설게 느껴집니다. 그러므로 "원수를 사랑할 힘을 주소서" 하고 기도해야 합니다.

화목하게 되려면

공동체 안에서 최고의 가치는 '화목'입니다.

> 다투는 여인과 함께 큰 집에서 사는 것보다 움막에서 혼자 사는 것이 나으니라 잠 25:24

이 말씀을 "싸우면서 사느니 차라리 혼자 살자" "좋은 배우자는 다른 배우자와 싸우지 않는데, 내 배우자는 왜 이 모양일까?" 이런 뜻으로 오해하면 안 됩니다. 본문은 화목이 중요함을 강조하는 말씀입니다. 이웃과 화목해야 합니다. 이웃 중에서도 가장 가까운 이웃은 부부입니다. 가정에서 부부가 화목하지 않으면 모든 것이 있어도 절대 행복할 수 없습니다.

그러면 어떻게 화목할 수 있을까요? 다툼을 줄이는 방법이 무엇일까요? 상대방을 칭찬하는 것입니다("먼 땅에서 오는 좋은 기별은 목마른 사람에게 냉수와 같으니라" 25절). 먼 땅에서 오는 좋은 기별은 승전보입니다. 남편이나 아들이 전쟁에 나갔는데 몇 해 동안 소식이 없습니다. 너무 걱정했는데 "나는 살아 있다! 이제 곧 집으로 돌아온다!"는 소식을 들으면 얼마나 좋고 시원하겠습니까?

모든 사람이 듣고자 하는 소리, 목말라하는 소리가 있습니다. 칭찬하는 소리입니다. 칭찬을 받으면 기쁨이 생기고 더 잘하고 싶은 마음이 생깁니다. 그런데 잘못을 지적하고 비난하는 소리를 들으면 기분이 좋지 않습니다. 물론 모든 사람에게는 장점과 단점이 있습니다. 그러면 어느 쪽을 보는 것이 지혜로울까요? 너무나 많은 부부가 상대방의 단점을 지적하고 고치려고 싸웁니다. 그렇게 수십 년 싸운다고 고쳐질까요? 반대로 장점을 칭찬하면 더 좋은 사람이 됩니다. 훨씬 쉽고 결과도 좋습니다. 그러다가도 화목이 깨져서 회복할 수 없을 것 같을 때, 이것을 기억해야 합니다. "예수님은 화목을 위해 무엇을 하셨는가?" 십자가를 지셨습니다!

그래도 포기하지 말아야

마지막으로, 살다 어려운 일이 있다고 해서 악에게 굴복하면 안 됩니다("의인이 악인 앞에 굴복하는 것은 우물이 흐려짐과 샘이 더러워짐과 같으니라" 26절). 의로운 길을 걸어가다가 다른 사람들 때문에 낙심하거나 변질되는 것은 마치 무엇과 같을까요? "우물이 흐려짐과 샘이 더러워짐"과 같습니다. 마을 사람 모두가 그 우물에서 물을 길어 먹는데, 더러워져서 먹을 수가 없게 되었습니다. 이렇게 되면 마을 사람들 모두가 고통을 당합니다.

의로운 행동은 정신적으로나 영적으로 맑은 샘물과 같습니다. "아, 여기에 맑은 샘이 있네! 여기에 진실이 있고, 정의가 있고, 의인이 있구나!" 할 때 사람들은 힘을 얻을 수 있습니다. 그러므로 남들이 몰라주어도 의를 지켜 가야 합니다. 혼자 외롭게 싸워 본들 무슨 소용이 있냐며 낙심하거나 포기해서는 안 됩니다. 의로운 사람이 좌절하고 절망하고 타협한다면, 이것은 모두의 비극이요 슬픔입니다.

옳지 않은 사람들을 보면서 의인이 자기의 길을 포기하지 않으려면 무엇을 지켜야 할까요? 자기 마음을 제어해야 합니다("자기의 마음을 제어하지 아니하는 자는 성읍이 무너지고 성벽이 없는 것과 같으니라" 28절). 자기 마음을 제어하지 못하는 것은 마치 성벽이 무너지는 것과 같습니다. 성벽이 무너지면 모든 것을 적에게 빼앗깁니다. 귀중한 가치와 행복도 빼앗기고 맙니다. 그러므로 내 마음을 제어해야 합니다. 그런데 내 힘으로는 불가능합니다. 그러나 그렇게 살아가려고 몸부림칠 때, 하나님이 힘을 주십니다. 예수님이 그렇게 할 수 있도록 만들어 주십니다. 그러니까 다른 사람을 바라보면서 휘청거리지 말고, 하나님을 바라보면서 의인의 길을 꿋꿋이 걸어가야 합니다. 그때 우리는 더불어 살아갈 수 있을 것입니다.

**함께
이야기하기**

1 이웃과 더불어 살아가기 위해서 우리가 지켜야 할 세 가지는 무엇인가요?

2 어려움을 겪고 있는 이웃에게 내가 해줄 수 있는 말과 행동은 어떤 것들이 있을까요?

3 내 배우자의 장점을 다른 사람 앞에서 먼저 칭찬해 봅시다. 그리고 집에 가서 배우자를 칭찬해 봅시다.

함께 기도하기

살아 계신 하나님!

우리를 홀로 살게 하지 않고 더불어 살게 하신 것을 감사드립니다.

허락하신 이웃들과 함께 살아갈 지혜를 주소서.

그러기 위해 입을 조심하고,

어려울 때 사람만 찾아가지 말고 하나님을 찾게 하소서.

그러나 이웃이 힘들어하면 위로하고 공감하게 하소서.

화목을 추구하되 특별히 부부간에 화목하게 하시고,

그것을 위해 단점을 지적하기보다 장점을 세워 주게 하소서.

다른 사람을 바라보며 자기의 의로움을 포기하지 않게 하소서.

잠 26:1-12

1 미련한 자에게는 영예가 적당하지 아니하니 마치 여름에 눈 오는 것과 추수 때에 비 오는 것 같으니라
2 까닭 없는 저주는 참새가 떠도는 것과 제비가 날아가는 것같이 이루어지지 아니하느니라
3 말에게는 채찍이요 나귀에게는 재갈이요 미련한 자의 등에는 막대기니라
4 미련한 자의 어리석은 것을 따라 대답하지 말라 두렵건대 너도 그와 같을까 하노라
5 미련한 자에게는 그의 어리석음을 따라 대답하라 두렵건대 그가 스스로 지혜롭게 여길까 하노라
6 미련한 자 편에 기별하는 것은 자기의 발을 베어 버림과 해를 받음과 같으니라
7 저는 자의 다리는 힘없이 달렸나니 미련한 자의 입의 잠언도 그러하니라
8 미련한 자에게 영예를 주는 것은 돌을 물매에 매는 것과 같으니라
9 미련한 자의 입의 잠언은 술 취한 자가 손에 든 가시나무 같으니라
10 장인이 온갖 것을 만들지라도 미련한 자를 고용하는 것은 지나가는 행인을 고용함과 같으니라
11 개가 그 토한 것을 도로 먹는 것같이 미련한 자는 그 미련한 것을 거듭 행하느니라
12 네가 스스로 지혜롭게 여기는 자를 보느냐 그보다 미련한 자에게 오히려 희망이 있느니라

10

미련한 사람과
지혜로운 사람

그 사람의 이름은

미국의 무디(Dwight Moody) 목사님이 어느 날 기차를 타고 여행을 하는데 옆자리에 앉은 사람이 "하나님은 없습니다" 하고 단호하게 말했습니다. 목사님은 그 말을 듣고 곰곰이 생각하다가 이렇게 말했습니다. "맞습니다. 성경에도 선생님과 똑같이 말하는 사람이 있습니다. 한번 보시렵니까?" 했습니다.

그 사람은 자기와 같은 생각을 하는 사람이 성경에 나온다니 너무 반가워서 보자고 했습니다. 목사님은 시편 14편 1절을 보여 주었습니다. 거기에는 이렇게 쓰여 있었습니다. "There is no God"(하나님은 없다).

"보십시오. 하나님이 없다고 말하지 않습니까? 그런데 그 사람 이름이 무엇인지 알고 싶지 않습니까?"

목사님은 가리고 있던 손가락을 치웠습니다. 거기에는 이렇게 쓰여 있었습니다. "The fool says in his heart; 어리석은 자는 그의 마음에 이르기를 There is no God; 하나님이 없다 하는도다. 그 사람의 이름은 the fool, 어리석은 자입니다!" 이렇게 말했습니다.

그 사람은 당황했고, 무디 목사님은 그 사람에게 어리석은 자의 특징이 무엇인지를 말하면서 전도했다고 합니다.

잠언은 미련한 자에 대해서 자세히 말씀합니다. 왜 그럴까요? 세상에는 미련한 사람들이 많기 때문입니다. 하지만 우리는 미련한 자들과도 함께 살아야 합니다. 그리고 내가 미련해지지 않기 위해서는 미련한 사람이 누군지 알아야 합니다. 본문은 미련한 사람에 대해 세 가지를 말합니다. '미련한 사람을 어떻게 알 수 있는가? 그들을 어떻게 다루어야 하는가? 그들은 왜 미련하게 되었는가?'

미련한 사람의 특징

미련한 사람이 누구일까요? 세상에서 미련한 사람은 상황에 맞는 정확한 판단을 하지 못하는 사람을 말합니다. 그러나 성경이 말하는 기준은 다릅니다. 하나님 보시기에 미련한 사람을 말합니다. 더 정확하게 말하면 그 마음속에 하나님이 없는 사람, 하나님을 인정하지 않는 사람, 하나님을 경외하지 않는 사람입니다. 우리말로는 예수 믿지 않는 사람이 미련한 사람입니다. 하나님이 만드신 세상에 살면서 자기를 창조하신 하나님을 모르고 부인하니 미련한 것입니다.

그러면 미련한 사람의 특징이 무엇일까요? 첫째, 미련한 사람은 지나치게 명예를 추구합니다("미련한 자에게는 영예가 적당하지 아니하니 마치 여름에 눈 오는 것과 추수 때에 비 오는 것 같으니라" 1절). 미련한 자에게는 영예가 적당하지 않다고 합니다. 그런데 왜 미련한 사람은 어울리지 않는 과도한 명예를 추구할까요? 그것은 자기의 가치를 확인하려는 몸부림입니다.

그런데 진정한 명예는 무엇일까요? 다시 말하면 나의 가치, 내 자존감의 근거는 무엇입니까? '하나님의 자녀'라는 신분입니다. '전능하신 하나님, 천지를 창조하신 하나님이 나의 아버지시고, 나를 사랑하신다. 나는 십자가의 사랑을 받은 존귀한 사람이다'라는 인식에서 얻어지는 자존감은 이 세상의 어떤 것과도 비교할 수 없습니다. 그러므로 하나님을 인정하고 경외하며, 예수님을 진심으로 믿는 사람은 자기 가치에 대해 의심하지 않습니다. 사람들이 인정하는 명예에 대해 지나친 욕심을 부리지 않습니다. 그러나 하나님을 인정하지 않는 사람들은 다른 사람들과의 비교를 통해서 자기 가치를 확인합니다. 서로를 끊임없이 비교하고, 필요 이상의 명예를 추구하는 것입니다. "나, 이만하면 괜찮은 사람이야"를 확인하고 싶은 것이지요.

그러나 명예는 모자와 같습니다. 자기 머리에 맞아야 합니다. 신앙과 인격이 되는 사람이 높은 자리에 앉으면 자신과 남에게 유익합니다. 그런데 미련한 사람이 높은 자리에 앉으면 자기도 힘들고 다른 사람도 괴롭습니다. 어울리지 않는 과도한 명예를 갈망하는 사람이 미련한 사람입니다. 미련한 사람이 명예를 얻는 것이 어느 정도로 어울리지 않냐 하면, "여름에 눈이 오는 것과 추수 때에 비 오는 것" 같다고 합니다. 여름에 눈이 오는 것은 이치에 맞지 않고,

혼란을 야기합니다. 추수할 때 비가 오면 곡식이 엉망이 되어 버리고, 손해는 막심합니다.

결국 자기 그릇에 맞는, 자기 능력에 맞는 자리가 좋은 것입니다. 이것이 명예이고 영광입니다. 영광의 본질은 알맞은 자리, 적재적소에 배치되는 것입니다. 아주 쉬운 말로 하면 높아지려 하지 말고 내가 잘할 수 있는 일을 하라는 것입니다. 이것이 행복이고, 보람이고, 명예입니다.

인생에서 정말 중요한 것은 명예를 얻느냐, 높아지느냐가 아니라 미련한 상태에서 벗어나는 것입니다. 그런데 미련한 사람은 미련함에서 벗어나려 하지 않고, 명예만 추구합니다.

둘째, 미련한 사람은 입이 거칩니다. 그래서 함부로 악담하고 저주합니다("까닭 없는 저주는 참새가 떠도는 것과 제비가 날아가는 것같이 이루어지지 아니하느니라" 2절). 옛날에는 저주가 아주 강력한 효과가 있다고 생각했습니다. 무엇을 하려고 해도 저주가 무서워서 함부로 못 했습니다. 왜냐하면 저주의 힘을 믿었으니까요. 눈에 보이는 어떤 규제보다도 보이지 않는 저주를 더 무섭게 느꼈습니다. 그렇다면 까닭 없는 저주란 무엇일까요? 기분 나빠서 퍼붓는, 이유가 명백하지 않은 저주입니다.

이런 저주는 마치 "참새가 떠도는 것과 제비가 날아가는 것"과 같습니다. 아무리 저주해 봤자 허공으로 날아갈 뿐 효과도 없습니다. 인간의 운명을 컨트롤 할 능력도 없는 사람들이 까닭 없이 저주를 해서 사람들을 두렵게 합니다. 무당들, 거짓 선지자들이 이런 저주를 합니다. 능력도 없으면서 협박하고 두렵게 만들어서 사람들을 손아귀에 넣으려고 하는 것입니다. 이런 저주는 아무 소용없습니다.

결국 말하는 사람의 입장에서는 괜히 내 입만 거칠어지고, 죄를 지을 뿐 아무 효과도 없습니다. 그러니 쓸데없이 다른 사람을 악담하거나 저주하지 말아야 합니다. 듣는 사람의 입장에서는 의로운 길을 가고 있다면 누가 뭐라고 하든지 신경 쓸 것 없습니다. 미련한 자가 욕하고 저주하면 신경 쓰지 말고 당당하며, 두려워하지 말아야 합니다.

미련한 사람은 까닭 없는 저주에 두려움을 느낍니다. 저주에 매여 자유가 없는 삶을 살아갑니다. 까닭 없는 저주의 반대는 진짜 저주입니다. 진짜 저주는 무엇일까요? 하나님과의 관계가 끊어진 것입니다. 이것이 정말 두려운 것인데, 미련한 자는 모릅니다. 그래서 헛된 저주, 가짜 저주에 묶여서 벌벌 떨고 살아갑니다.

그러나 예수님 안에 있는 사람은 저주를 두려워하지 않습니다. 원래 우리는 죄의 저주 아래 있던 사람들이었습니다. 그런데 예수님이 십자가에서 그 모든 저주를 완전히 없애 버리셨습니다. 그래서 예수 믿는 사람들은 저주에서 자유롭게 되었습니다. 누가 뭐래도 하나님과의 관계가 바로 되어 있고, 내가 예수님 안에 있으면 어떤 저주도 나를 향하여 효과를 발휘하지 못합니다. 그러므로 누가 뭐라고 저주하면 두려워하지 마세요. "예수님의 이름으로 명하노니 물러가라!" 하고 외치십시오.

셋째, 미련한 사람은 말로 교육이 안 됩니다("말에게는 채찍이요 나귀에게는 재갈이요 미련한 자의 등에는 막대기니라"3절). 미련한 자는 지혜로운 말씀을 알아듣지 못합니다. 짐승에게 말로 교육하면 효과가 있을까요? 없습니다. 그래서 "말에게는 채찍"이 필요하고, "나귀에게는 재갈"이 필요합니다. 미련한 자에게는 막대기가 필요합니다. 주인과 짐승의 관계를 생각해 봅시다. 주인이 말이나 나귀에게 끌려다니지 않습니다. 말과 나귀가 따라와야 합니다. 주인은 양보하지 않습니다. 주인이 원하는 대로 할 때 그 안에 자유가 있고, 편안함과 행복이 있습니다.

하나님과 우리를 놓고 생각해 봅시다. 지혜로운 사람은 어떻게 생각할까요? 내 주인이신 하나님의 뜻을 따라가는 것이 가장 행복한 길이라고 생각합니다. 그러나 어리석은 자는 신은 없으니 내 뜻대로 하면 된다고 착각합니다. 이것이 미련함입니다. 하나님의 뜻을 외면하고 제멋대로 가다가 건강도, 시간과 물질도 낭비하는 사람이 많습니다. 매를 맞으면서 인생이 고달프다고 합니다. 하나님이 나에게 물질과 건강과 시간을 주신 이유를 말씀을 통해 잘 생각하고, 이것을 가지고 무엇을 하며 살아야 할지 질문하며 나아가십시오. 그것이 지혜입니다.

미련한 사람을 대하는 법

그러면 미련한 사람을 어떻게 다루어야 할까요? 첫째, 미련한 사람에게 말려들지 말아야 합니다("미련한 자의 어리석은 것을 따라 대답하지 말라 두렵건대 너도 그와 같을까 하노라"4절). 쉽게 말하면 말 같지도 않은 말에 일일이 대꾸하지 말라는 것입니다. 나도 어리석은 사람이 됩니다. 반대로 "미련한 자에게는 그의 어리석음을 따라 대답하라"고 말씀합니다("미련한 자에게는 그의 어리석음을 따라 대답하라 두렵건대 그가 스스로 지혜롭게 여길까 하노라" 5절). 대답하지 않으면 그가 스스로 지혜롭게 여기기 때문입니다. 자기 말이 맞으니까 아무 말도 안 하고 자기를 인정한다고 오해한다는 것입니다. 그러면 어떻게 하란 말인가요? 대답하지 말라는 겁니까, 대답하라는 겁니까? 대답을 해야 할 때가 있고, 하지 말아야 할 때가 있으니 분별하라는 뜻입니다. 지혜가 필요합니다. 일일이 대꾸할 필요는 없지만, 그렇다고 아무 말도 안 하는 것이 능사도 아니라는 뜻입니다. 해야 할 말은 분명히 말할 필요가 있습니다.

둘째, 미련한 사람에게 많은 책임을 맡기면 안 됩니다("미련한 자 편에 기별하는 것은 자기의 발을 베어 버림과 해를 받음과 같으니라" 6절). 그에게 편지를 보내며 "잘 전달하라"고 했다면, 보낸 사람의 의중을 이해하고 지혜롭게 잘 처리해야 합니다. 하지만 미련한 사람은 조용히 진행해야 할 일을 그르쳐 자기가 이런 일을 한다고 떠들어 대서 이쪽의 의도만 드러내 곤란하게 된다는 것입니다. 마치 낫질을 하다가 자기 발을 베어 버리는 것 같습니다. 차라리 낫질을 안 했으면 더 좋았을 것입니다. 미련한 사람에게 책임을 맡기지 않는 것이 더 낫다는 의미입니다.

왜 이렇게 될까요? 잘난 척하기 때문입니다("저는 자의 다리는 힘 없이 달렸나니 미련한 자의 입의 잠언도 그러하니라" 7절). 다리를 저는 사람이 천천히 걸으면 잘 모릅니다. 그런데 날쌘 사람인 것처럼 보이고자 막 뛰려고 할 때 절뚝거림이 가장 심하게 나타납니다. 마찬가지로 어리석은 사람이 지혜로운 척할 때 어리석음이 가장 심하게 드러납니다.

미련한 사람은 명예를 좋아하고, 잠언도 말하겠다고 합니다("미련한 자에게 영예를 주는 것은 돌을 물매에 매는 것과 같으니라 미련한 자의 입의 잠언은 술 취한 자가 손에 든 가시나무 같으니라" 8-9절). 이것이 얼마나 웃기는 것일까요? 돌은 물매에 놓고 쏘아야 하는데, 거기에 묶어 버리면, 휘두를 때 앞으로 나가지 않고 자기에게 돌아옵니다. 돌리면 돌릴수록 위험하게 될 뿐입니다. 마찬가지로 좋은 잠언은 꼭 필요할 때 사용해야 하는데 술에 취해서 가시나무를 휘두른다면, 꼭 필요할 때 전할 수 있을까요? 아무 말이나 마구 지껄이기 때문에 그 좋은 잠언 말씀도 듣기에 괴롭고 힘든 말이 된다는 것입니다.

그래서 미련한 사람은 가능하면 데려다 쓰지 말아야 합니다("장인이 온갖 것을 만들지라도 미련한 자를 고용하는 것은 지나가는 행인을 고용함과 같으니라" 10절). 장인은 손재주가 좋습니다. 그래서 물건을 잘 만듭니다. 보조자를 구했는데 미련한 사람이라면, 그를 가르치느라고 속이 터집니다. 차라리 행인더러 도와 달라고 하는 것이 낫습니다. 행인은 책임도 없고, 전문적이지도 않으니 아무런 도움도 되지 않습니다. 미련한 사람을 고용하는 것이 이와 같으니 아무리 급해도 그를 고용하지 말아야 합니다.

지혜로운 자가 되려면

> 네가 스스로 지혜롭게 여기는 자를 보느냐 그보다 미련한 자에게 오히려 희망이 있느니라 잠 26:12

스스로 지혜롭게 여기는 자는 미련한 자보다도 더 한심합니다. 여기서 미련함의 원인이 무엇인지 알 수 있습니다. 미련함의 원인은 스스로 지혜롭다고 여기는 것입니다. 그래서 듣지도 않고, 그 결과 고칠 수도 없습니다. 심지어 하나님도 인정하지 않습니다. 모든 것의 기준이 '자기 자신'이기 때문입니다.

그렇다면 어떻게 해야 지혜로운 사람이 될 수 있을까요? 스스로 지혜롭다는 생각을 내려놓아야 합니다. '나는 지혜롭지 못합니다. 그래서 나보다 더 지혜로운 하나님의 말씀이 필요합니다.' 이런 마음을 가져야 합니다. 그리고 하나님의 지혜이신 예수 그리스도를 믿고 의지해야 합니다. 순간순간 "주님, 저는 잘 모릅니다. 어떻게 하면 좋을까요? 가르쳐 주소서" 물어보면서 한 걸음씩 걸어가면 됩니다. 미련한 사람과 지혜로운 사람은 겉으로는 크게 차이가 없을 수 있습니다. 하지만 마음의 중심에 자기 자신이 있는지, 하나님이 계신지에 따라 삶의 모습은 많이 달라집니다. 주님을 붙잡고, 말씀을 의지하여 걸어갈 때, 우리는 지혜로워집니다.

함께 이야기하기

1   미련한 사람은 어떤 사람을 말할까요? 미련한 사람의 특징은 무엇입니까?

2   미련한 사람을 어떻게 대해야 할까요?

3   지혜로운 사람은 누구를 믿고 의지할까요? 미련한 사람과는 어떤 차이를 가지고 있을까요?

함께 기도하기

하나님 아버지!
이 세상에는 미련한 사람들이 참 많습니다.
스스로 지혜롭다고 착각하는
미련한 사람이 되지 않게 하시고,
지혜로운 하나님의 말씀을 붙잡고,
예수님을 사랑하며 살아가는
지혜로운 사람들이 되게 하소서.

잠 26:13-28

13 게으른 자는 길에 사자가 있다 거리에 사자가 있다 하느니라
14 문짝이 돌쩌귀를 따라서 도는 것같이 게으른 자는 침상에서 도느니라
15 게으른 자는 그 손을 그릇에 넣고도 입으로 올리기를 괴로워하느니라
16 게으른 자는 사리에 맞게 대답하는 사람 일곱보다 자기를 지혜롭게 여기느니라
17 길로 지나가다가 자기와 상관없는 다툼을 간섭하는 자는 개의 귀를 잡는 자와 같으니라
18 횃불을 던지며 화살을 쏘아서 사람을 죽이는 미친 사람이 있나니
19 자기의 이웃을 속이고 말하기를 내가 희롱하였노라 하는 자도 그러하니라
20 나무가 다하면 불이 꺼지고 말쟁이가 없어지면 다툼이 쉬느니라
21 숯불 위에 숯을 더하는 것과 타는 불에 나무를 더하는 것같이 다툼을 좋아하는 자는 시비를 일으키느니라
22 남의 말 하기를 좋아하는 자의 말은 별식과 같아서 뱃속 깊은 데로 내려가느니라
23 온유한 입술에 악한 마음은 낮은 은을 입힌 토기니라
24 원수는 입술로는 꾸미고 속으로는 속임을 품나니
25 그 말이 좋을지라도 믿지 말 것은 그 마음에 일곱 가지 가증한 것이 있음이니라
26 속임으로 그 미움을 감출지라도 그의 악이 회중 앞에 드러나리라
27 함정을 파는 자는 그것에 빠질 것이요 돌을 굴리는 자는 도리어 그것에 치이리라
28 거짓말 하는 자는 자기가 해한 자를 미워하고 아첨하는 입은 패망을 일으키느니라

11

미련한 사람
시리즈

양치기 소년

어느 마을에 양치기 소년이 있었습니다. 소년은 무척 외롭고 심심했습니다. '뭐 재미있는 일이 없을까?' 생각하다가 소년은 마을을 향해 소리쳤습니다.

"늑대가 나타났어요! 늑대가 양들을 잡아먹고 있어요!"

놀란 마을 사람들은 낫과 칼과 도끼 등을 들고 뛰어왔습니다.

"늑대가 어디 있니? 다치지는 않았니?" 사람들은 주위를 살피며 물었습니다. 이 모습을 지켜본 소년은 너무 재미있었습니다. 마을 사람들은 늑대를 찾지 못하고 돌아갔습니다. 얼마 후에 소년은 다시 장난을 치고 싶어서 마을을 향해 큰소리로 외쳤습니다.

"늑대다! 늑대가 나타났어요!" 그러자 마을 사람들은 또다시 급히 뛰어왔습니다.

"어디냐? 늑대가 어디 있어?" 주위를 둘러보았지만 늑대가 보이지 않자 사람들은 "너, 또 장난을 쳤구나!" 하고 화를 내면서 돌아갔습니다. 며칠 후 정말 늑대가 나타났습니다. 소년은 소리를 질렀습니다. "도와주세요! 늑대가 나타났어요!" 있는 힘을 다해 소리쳤지만 아무도 오지 않았습니다. 그래서 양들은 모두 늑대에게 잡아먹히고 말았습니다.

〈이솝 우화〉에 나오는 "양치기 소년과 늑대" 이야기입니다. 양치기 소년은 사람들을 속이면서 속는 사람이 어리석다고 생각했습니다. 그러나 정말 어리석은 사람은 이웃을 속이는 사람입니다.

스스로를 지혜롭다고 여기는 사람은 미련합니다. 하지만 다른 종류의 미련한 사람들도 있습니다. 바로 게으른 사람, 말쟁이, 그리고 위선자입니다. 이들은 나름대로 자기가 똑똑하다고 생각합니다. 그러나 하나님이 보시기에는 역시나 미련한 사람들입니다.

게으른 사람

첫 번째 미련한 사람은 '게으른 사람'입니다. 그런데 게으름에도 단계가 있습니다. 1단계는 핑계가 많습니다.

> 게으른 자는 길에 사자가 있다 거리에 사자가 있다 하느니라 잠 26:13

말씀에서 게으른 사람은 "길에 사자가 있다"라고 합니다. 길거리에 사자가 나타나는 경우는 거의 없습니다. 그런데 어쩌다가 길거리에 한 번 나타난 것을 보고 누군가 떠들어 댔습니다. 그 얘기를 듣고 핑계를 댑니다.

"길에 사자가 있습니다. 너무나 위험해서 나갈 수 없습니다."

그럴 가능성이 거의 없는데, 언제나 있는 것처럼 과장합니다. 한마디로 핑계가 많습니다. 이래서 안 되고, 저래서 할 수 없는 이유가 너무 많습니다.

매사를 부정적으로 보고, 그것을 과장하고, 그것 때문에 안 된다고 말하는 것이 게으름입니다. 게으름이 왜 미련할까요? 기회를 잃어버리기 때문입니다. 지금 길에 나가서 일해야 하고, 사람을 만나야 하는데, 있는지 없는지도 모르는 사자 때문에 나가지 않는다니 얼마나 미련합니까? 어떤 일에도 위험부담은 있습니다. 그러나 위험을 과장하면 시도해 보지도 못하고, 가능성을 잃게 됩니다. 핑계를 대기 시작하면 아무것도 할 수 없습니다. 핑계는 의지의 하위개념입니다. 무슨 뜻입니까? 하기 싫으면 핑계를 대지만 하려는 의지가 분명하면 핑곗거리가 사라집니다. 게으른 사람은 다른 사람도 게으르게 만듭니다. "그거 해 봤자 안 돼!" 하며 다른 사람의 가능성까지 밟아 버립니다.

게으름의 2단계는 잠이 많습니다.

> 문짝이 돌쩌귀를 따라서 도는 것같이 게으른 자는 침상에서 도느니라
> 잠 26:14

'돌쩌귀'는 문을 여닫기 위해 고정하는 경첩입니다. 문을 아무리 열고 닫아도 경첩에 고정되어서 그것을 중심으로 빙빙 돌 듯이

게으른 자는 침상에서 벗어나려고 하지 않습니다. 그렇다면 잠자는 것이 나쁠까요? 그렇지 않습니다. 밤에 잠을 자는 것은 소중하고, 사실은 잠깐의 낮잠도 좋습니다. 잠깐 쉬면 몸의 회복이 엄청나게 빨라집니다. 그러나 낮잠에도 원리가 있습니다. 30분 이내로 일어나야지 30분을 넘어서면 리듬이 깨집니다. 그래서 머리가 아프고 몸이 무거워집니다. 또한 밤에는 잠이 오지 않습니다. 그러므로 자꾸 누우면 안 됩니다. 일어나서 움직여야 합니다.

게으름의 3단계는 끝없이 편해지려고 합니다.

> 게으른 자는 그 손을 그릇에 넣고도 입으로 올리기를 괴로워하느니라
> 잠 26:15

게으른 사람은 그릇에 손을 넣고 입으로 올리기도 괴로워합니다. 음식을 손에 쥐고 먹기도 귀찮아합니다. 먹지 않으면 죽지만 게으름이 만성이 되어 먹는 것조차도 괴로워합니다. 그러니 건강할 수가 없지요. 편해지려고 하면 끝이 없습니다. 그런데 게으름에서 벗어나지 못하는 이유가 무엇일까요?

> 게으른 자는 사리에 맞게 대답하는 사람 일곱보다 자기를 지혜롭게 여기느니라 잠 26:16

자기가 제일 지혜롭다고 믿기 때문입니다. 게으름 속에도 자기

논리와 교만이 들어 있습니다. 그래서 남의 말을 듣지 않습니다. 설득해서 바꾸기 어렵습니다.

그렇다면 게으르다고 해서 아무 일도 안 할까요? 아닙니다. 자기가 좋아하는 것은 다 합니다. 그러므로 마땅히 해야 할 일을 하지 않고, 자기가 좋아하는 일만 한다면 그것이 게으른 것입니다. 아이들을 보세요. 학생은 마땅히 공부해야 합니다. 그러나 부모가 공부하라고 아무리 말해도 핑계가 많습니다. 머리가 아프고, 시험에 안 나오는 문제들은 풀 필요가 없다고 합니다. 그러나 자기가 좋아하는 게임이나 드라마는 밤을 새우면서 즐깁니다.

여기서 하려는 말씀은 무엇일까요? 정말 무서운 사자는 길거리에 있지 않습니다. 바로 게으른 자의 마음속에 있습니다. 게으름이라는 사자가 무서운 것입니다. 이것이 마음속에 있으면 아무것도 할 수 없습니다. 그러므로 자신의 모습에서 게으름이 느껴질 때, 우리는 이렇게 기도해야 합니다.

"하나님, 내 마음속에 있는 게으름의 사자를 몰아내 주소서. 생각이 부정적으로 되지 않게 하소서. 하나님이 주신 기회와 가능성을 극대화하며 살게 하소서."

마태복음 25장의 '달란트 비유'를 보면 1달란트를 받은 종이 등장합니다. 그는 주인이 맡긴 달란트에 대해 불평하면서 살아가는 사람입니다. 주인이 돌아오면 결산한다는 생각을 하지 않는 이 사람에게 주님은 "악하고 게으른 종"이라고 했습니다. 세상일에 아무리 부지런을 떨어도 하나님 앞에서는 게으른 사람이 될 수 있습니다.

자기 현실에 대해 불평하고, 주님을 만날 준비를 하지 않는 이들은 영적으로 게으른 사람들입니다.

말쟁이

또 어떤 사람이 미련할까요? 바로 '말쟁이'입니다. 말쟁이는 이런 특징을 가지고 있습니다. 첫째, 자기와 상관도 없는 일에 공연히 끼어들어서 간섭하기를 좋아합니다("길로 지나가다가 자기와 상관없는 다툼을 간섭하는 자는 개의 귀를 잡는 자와 같으니라" 17절). 이런 사람은 마치 "개의 귀를 잡는"것과 같습니다. 으르렁거리는 개의 귀를 잡아당기면 가만히 있을까요? 놓자니 달려들어 물 것 같고, 붙잡고 있자니 아무 일도 할 수가 없습니다. 그런데 왜 남의 일에 간섭할까요? 자기가 모든 상황을 안다고 생각하기 때문입니다. 그러나 사람과 사람 사이의 일은 단순하지 않습니다. 보이는 것이 전부가 아닙니다. 다른 사람이 알지 못하는 복잡한 내용이 당사자들 사이에 있습니다. 그런데 지나가다가 보고 그 상황을 다 아는 것처럼 간섭하고 판단합니다. 이것이 말쟁이의 특징입니다.

둘째, 자기 말에 책임을 지지 않습니다("횃불을 던지며 화살을 쏘아서 사람을 죽이는 미친 사람이 있나니" 18절). 가만히 있는 사람에게 횃불을 던지면 그 사람이 불에 타거나 크게 다치겠지요. 또 화살을 쏘면 다치거나 죽습니다. 그런데 아무런 이유 없이 다른 사람에게 치명상을 입히는 미친 사람들이 세상에 있다는 것입니다. 그는 바로 자기 이웃을 속이고도 죄책감을 갖지 않는 사람입니다("자기의 이웃을 속이고 말하기를 내가 희롱하였노라 하는 자도 그러하니라" 19절). 그는 가만히 있는 이웃에게 거짓을 말하고 상처를 주었습니다. "왜 그런 짓을 했느냐?" 물으면 "그냥 농담 한 번 한 것 가지고 뭘 그래? 아니면 말고!" 합니다. 그 말 때문에 피해를 받아 어쩔 줄 모르는 사람에게 "왜 그렇게 사람이 소심해? 말 한마디 가지고! 나는 뒤끝이 없어. 그러니 너무 신경 쓰지 마" 이렇게 말합니다. 이게 말이 될까요? 거짓말로 상처를 주고, 대수롭지 않게 생각하는 말쟁이는 미친 사람과 같습니다.

이런 말쟁이가 사라져야 합니다("나무가 다하면 불이 꺼지고 말쟁이가 없어지면 다툼이 쉬느니라" 20절). 그래야 다툼이 쉬고, 세상이 조용해집니다. 그런데 말쟁이는 불에 나무를 올려놓습니다("숯불 위에 숯을 더하는 것과 타는 불에 나무를 더하는 것같이 다툼을 좋아하는 자는 시비를 일으키느니라" 21절). 불이 났으면 꺼야 하는데, 오히려 점점 더 커지게 만듭니다.

왜 없어져야 할 말쟁이가 사라지지 않을까요?

> 남의 말 하기를 좋아하는 자의 말은 별식과 같아서 뱃속 깊은 데로 내려가느니라 잠 26:22

다른 사람에 대해 말하는 것은 '별식'(別食)과 같습니다. 별식은 특별히 맛있는 음식입니다. 끼리끼리 모여서 없는 사람을 험담하고 자근자근 씹으면 얼마나 맛있을까요? 이것이 인간의 죄성입니다.

우리에게 이런 속성이 있습니다. 나도 누구에겐가 말쟁이가 될 수 있으니 조심해야 합니다.

예수 믿는 사람은 특별히 말조심해야 합니다. 왜냐하면 우리의 말로 사람을 하나님께 인도할 수도 있고, 사람을 하나님으로부터 떠나게도 할 수 있기 때문입니다.

> 여호와여 내 입에 파수꾼을 세우시고 내 입술의 문을 지키소서 시 141:3

우리는 진실한 말과 감사와 축복의 말을 하고, 생명의 말씀을 전하는 사람이 되게 해 달라고 기도해야 합니다.

위선자

마지막으로 어떤 사람이 미련할까요? 바로 '위선자'입니다. '위선'이란 겉과 속이 다른 것입니다. 그런데 '겉은 초라하고 별로지만 속은 부드럽고 아주 괜찮다'가 위선인가요? 아닙니다. 위선은 단순히 겉과 속이 다른 것이 아니고, 겉은 좋지만 속은 아주 추할 때 위선이 되는 것입니다.

> 온유한 입술에 악한 마음은 낮은 은을 입힌 토기니라 잠 26:23

본문은 위선을 "온유한 입술에 악한 마음"이라고 정의합니다. 악한 마음을 온유한 입술로 위장합니다. '온유한 입술'이란 악한 것을 감추기 위하여 그럴듯하게 말하는 것입니다. 부드럽고, 정의롭고, 나를 위한 말 같고, 그 말을 들으면 간이라도 빼 줄 것 같습니다. 마음에 쏙 드는 말을 하지만 악한 마음이 숨겨져 있습니다. 그래서 "낮은 은을 입힌 토기"와 같다는 것입니다. 흙으로 만든 그릇에 은도금을 한 것입니다. 도금을 하면 좋고 귀하게 보입니다. 그런데 아주 질이 낮은 도금은 얇게 발려 있어서 금방 벗겨집니다. 처음 볼 때는 깨끗하고 예뻐 보였는데, 금방 지저분해집니다. 질그릇처럼 담백하지도 않습니다. 결국 아무 쓸모가 없습니다. 그러나 위선자는 자신의 온유한 입술에 남들이 속을 것이라고 생각합니다. 그래서 계속 입으로는 꾸미고 속으로는 거짓말을 합니다("원수는 입술로는 꾸미고 속으로는 속임을 품나니" 24절). 위선자는 절대 믿으면 안 됩니다("그 말이 좋을지라도 믿지 말 것은 그 마음에 일곱 가지 가증한 것이 있음이니라" 25절). 왜냐하면 위선자의 마음속에는 가증한 것이 일곱 가지나 있기 때문입니다.

세상에는 이런 능구렁이 같은 위선자가 너무 많습니다. 이런 위선자들에게 잘 속는 이유는 분별력이 없고 진실을 보는 능력이 떨어지기 때문입니다. 그래서 빤한 거짓말에도 금방 넘어가곤 합니다. 그럴 때 우리는 이렇게 기도해야 합니다.

"분별력을 주소서. 지혜를 주소서. 그래서 위선자들에게 속거나 물들지 말고, 우리의 길을 바로 가게 하소서."

이런 교활한 위선에 대한 끝은 함정을 판 자가 거기에 빠지는 것입니다("함정을 파는 자는 그것에 빠질 것이요 돌을 굴리는 자는 도리어 그것에 치

이리라 거짓말 하는 자는 자기가 해한 자를 미워하고 아첨하는 입은 패망을 일으키느니라" 27-28절). 그 모든 악과 속임수, 위선은 결국 다 자기에게 돌아올 것입니다. 왜일까요? 하나님이 그렇게 만드셨습니다. 자기 뜻대로 될 것 같지만 세상은 그렇게 되지 않습니다. 하나님이 그 대가를 다 받도록 심판하십니다.

핑계만 대면서 기회를 놓치는 게으른 사람들, 분쟁을 만들고 이웃을 괴롭히는 말쟁이들, 속에는 악이 가득한데도 겉으로는 그럴듯하게 속이는 위선자들이 세상에는 너무 많습니다. 이들과 더불어 살아가려면 어떻게 해야 할까요? 이들이 똑똑해 보이지만 사실은 미련한 사람들이라는 것을 알아야 합니다. 그러므로 이들에게 속지 말고, 그들을 닮지 말며, 그들 때문에 낙심하지 말아야 합니다. 이런 사람들 틈에서 살아가지만, 언제나 부지런해야 하고, 간섭하거나 분쟁을 일으키지 않으며, 정직하고 진실하게 살아가야 합니다. 나머지는 하나님께서 책임지십니다. 이것이 행복해지는 비결입니다.

함께
이야기하기

1   정말 무서운 사자는 어디에 있을까요? 게으름이라는 사자가 보일 때, 우리는 어떻게 기도해야 할까요?

2   함께 모인 자리에서 다른 사람에 대해 좋지 않은 이야기들을 할 때, 우리는 어떻게 행동해야 할까요? 또 말쟁이가 되지 않기 위해 어떻게 기도해야 할까요?

3   겉과 속이 다른 사람, 앞에서 하는 말과 뒤에서 하는 행동이 다른 사람을 우리는 어떻게 대해야 할까요? 또 위선자들 앞에서 우리는 어떻게 기도해야 할까요?

함께 기도하기

살아 계신 하나님!
이 땅에는 게으른 사람들, 말쟁이들,
위선자들이 너무 많습니다.
이런 사람들과 더불어 살아가되
속지 말고, 닮지 말며, 낙심하지 않게 하소서.
언제나 부지런하게, 분쟁을 일으키지 않고,
진실하게 살아가게 하소서.
하나님이 이 나라의 진정한 병거와 방패가 되어 주소서.
게으른 자들, 말쟁이들, 위선자들의 실상이 다 드러나게 하소서.
미련한 사람들의 모습에 넘어가지 않도록
분별력을 허락하소서.

3부

비교하지 않으면
행복해집니다

섬김과 겸손한 삶에 대하여

잠 27:1-10

1. 너는 내일 일을 자랑하지 말라 하루 동안에 무슨 일이 일어날는지 네가 알 수 없음이니라
2. 타인이 너를 칭찬하게 하고 네 입으로는 하지 말며 외인이 너를 칭찬하게 하고 네 입술로는 하지 말지니라
3. 돌은 무겁고 모래도 가볍지 아니하거니와 미련한 자의 분노는 이 둘보다 무거우니라
4. 분은 잔인하고 노는 창수 같거니와 투기 앞에야 누가 서리오
5. 면책은 숨은 사랑보다 나으니라
6. 친구의 아픈 책망은 충직으로 말미암는 것이나 원수의 잦은 입맞춤은 거짓에서 난 것이니라
7. 배부른 자는 꿀이라도 싫어하고 주린 자에게는 쓴 것이라도 다니라
8. 고향을 떠나 유리하는 사람은 보금자리를 떠나 떠도는 새와 같으니라
9. 기름과 향이 사람의 마음을 즐겁게 하나니 친구의 충성된 권고가 이와 같이 아름다우니라
10. 네 친구와 네 아비의 친구를 버리지 말며 네 환난 날에 형제의 집에 들어가지 말지어다 가까운 이웃이 먼 형제보다 나으니라

12

내일 일을
자랑하지 마세요

무엇을 자랑해야 할까요?

고대 이스라엘은 솔로몬왕 이후 북이스라엘과 남유다로 갈라져 약 200년 동안 공존했습니다. 그러다 북이스라엘이 앗수르에 의해 멸망했습니다. 그러자 남유다의 히스기야왕이 충격을 받았습니다. "어찌하여 하나님의 선민이 이방 나라 앗수르에 무너졌는가?" 히스기야왕은 정신을 차리고 종교개혁을 했습니다. 그 일환으로 잠언을 다시 편집했습니다. 그런데 북이스라엘을 멸망시킨 앗수르가 남유다로 쳐들어왔습니다. 히스기야는 두렵고 막막해서 하나님께 부르짖었습니다. 하나님은 히스기야의 기도를 들으시고 앗수르의 군대를 치셨습니다. 그래서 하룻밤 사이에 185,000명이 죽었습니다. 그 결과 앗수르 군대는 철수하고 앗수르 산헤립왕은 자기 나라에 돌아가 암살당했으며 앗수르는 멸망했습니다.

그런데 이 사건 후에 히스기야는 죽을병에 걸렸습니다. 이때, 이사야를 통해 하나님이 말씀하셨습니다. "너는 유언을 남기라. 더 이상 살지 못하리라." 그러자 히스기야는 벽을 향하고 통곡하며 기도했습니다. 하나님이 기도를 들으시고 15년을 더 살게 해 주겠다고 약속하셨습니다.

앗수르가 무너지자 바벨론이 세계 최강국으로 등장했습니다. 그들에게 질문이 생겼습니다. 자기들이 꺾을 수 없었던 앗수르가 남유다 때문에 망하게 되었습니다. 또한 히스기야는 분명히 죽는다고 했는데 회복되었습니다. 이것을 보면서 그들은 의아했습니다. 그 비결이 무엇인지 궁금한 바벨론 왕은 히스기야에게 엄청난 예물과 축하사절단을 보냈습니다. 히스기야는 대국의 사신이 자기를 위문하러 오자 너무나 기뻤습니다. 그래서 왕궁과 보물창고와 군대의 무기고까지 다 보여 주며 자랑했습니다.

이것을 알고 이사야 선지자가 물었습니다. "그들이 누구입니까? 그들이 무엇을 보았나이까?" 왕은 대답했습니다. "그들은 먼 나라 바벨론에서 왔습니다. 그들에게 모든 것을 보여 주었습니다." 그러자 이사야가 말했습니다. "왕이 그들에게 보여 준 모든 것을 그들이 다 빼앗아 갈 것입니다. 그리고 때가 되면 왕의 자손들이 포로가 되어 끌려갈 것입니다." 이 내용이 이사야 36-39장의 말씀입니다.

남유다는 앗수르를 물리쳤고 히스기야는 죽을병에서 살아났습니다. 이것이 남유다와 히스기야의 힘으로 된 걸까요? 전혀 아닙니다. 히스기야는 슬픈 마음에 성전에 나가 그냥 통곡하고 울었을 뿐입니다. "하나님, 살려 주소서. 우리에겐 아무 힘도 없습니다." 그 기도를 하나님이 듣고 살려 준 것입니다. 망할 수밖에 없는 나라를 구원하시고, 생명을 연장해 주셨습니다. 그렇다면 히스기야와 남유다가 해야 할 일은 무엇이었을까요? 하나님을 자랑하는 것입니다! "우리가 섬기는 하나님이 이렇게 하셨습니다"라고 해야 하나님이 영광을 받으시고, 더 나아가서 다른 나라들이 '유다의 뒤에는 하나님이 계시는구나! 그러니 유다를 건드리지 말고, 사이좋게 지내야겠다'고 생각할 것입니다. 이렇게 되어야 남유다는 견고해집니다. 또한 그들은 히스기야에 대해서도 '하나님이 그와 함께하신다!'라고 생각할 것입니다. 그래서 히스기야는 존경을 받았을 것입니다.

하지만 히스기야와 남유다는 자기를 자랑했습니다. 바벨론같이 큰 나라가 볼 때 그의 자랑은 아무것도 아니었습니다. 히스기야의 자랑 때문에 바벨론은 남유다의 비밀을 다 파악하고 무시하게 된 것입니다.

하나님이 이것을 보면서 히스기야에게 하시고 싶은 말씀이 무엇이었을까요? "히스기야야, 바벨론 앞에서 너는 고작 너의 무기와 보물을 자랑했단 말이냐? 그들에게 하나님의 존재와 살아 계심을 증거할 수 있는 그 절호의 찬스에 너를 자랑했느냐? 너는 지금까지 네 무기와 보물을 자랑거리로 여기고 그것을 의지하며 살았느냐? 그것이 없어지면 너는 도대체 뭐란 말이냐?" 하나님을 자랑할 시간에 자기를 자랑했던 히스기야는 망하는 길로 들어섰습니다. 우리의 삶에서 우리가 정말 자랑해야 할 것은 무엇인가요?

내 인생의 진짜 주인은

> 너는 내일 일을 자랑하지 말라 하루 동안에 무슨 일이 일어날는지 네가 알 수 없음이니라 잠 27:1

나이를 먹을수록 느끼는 것은 내 힘으로 사는 것이 아니라는 사실입니다. 오늘 이렇게 될 줄 알고 살아온 것도 아닙니다. 하나님이 인도해서 오늘 여기까지 온 것입니다. 복음성가에도 "내일 일은 난 몰라요. 하루하루 살아요. 불행이나 요행함도 내 뜻대로 못 해요" 이런 찬양이 있습니다. 얼마나 솔직한 말입니까? 내일은 우리의 영역이 아니라 하나님의 영역입니다. 우리는 하루 앞을 장담할 수 없는 존재들입니다. 그러니까 우리가 내일에 대해 말하려면 반드시 조건이 붙어야 합니다. "하나님이 허락하신다면!" 내일은 하나님이 허락해야만 존재합니다.

그렇다면 내일을 계획하지 말라는 것일까요? 아닙니다. 내일에 대해 계획하고 노력도 해야 합니다. 그러나 "내 미래는 이렇게 될 것이다"라고 자랑하면 안 됩니다. 왜냐하면 하루 동안에 어떤 일이 일어날지 알 수 없기 때문입니다. 우리는 왜 내일 일을 알지 못할까요? 사람이 자기 인생의 주인이 아니기 때문입니다.

> 사람이 그의 장래 일을 능히 헤아려 알지 못하게 하셨느니라 전 7:14하

장래 일을 모르게 하신 이유는 인생의 진정한 주인이신 하나님만 의지하도록 하려는 것입니다.

창세기에 나오는 요셉의 인생을 생각해 봅시다. 요셉은 부잣집 아들로 태어나 아버지의 사랑을 독차지했습니다. 형들이 동생을 팔아먹을 줄 알았을까요? 애굽에 노예로 끌려갈 줄 알았을까요? 감옥에 갈 줄, 총리가 될 줄 알았을까요? 아무것도 몰랐습니다. 이런 과정을 거치면서 요셉이 깨달은 것은 이렇습니다. '내일을 자랑하지도 말고, 포기하거나 낙심하지도 말며, 하루하루를 하나님 앞에서 정직하고 충성되게 최선을 다하는 것, 그리고 나머지는 은혜 가운데 맡기는 것'입니다. 그러므로 "내일은 나의 것이다"라고 자랑하지 말고, "나에게 내일은 없다"라고 낙심하지도 말아야 합니다. 왜냐하면 하나님 앞에 나의 미래가 있으며, 하나님은 하루 동안에도 얼마든지 엄청난 일을 하실 수 있기 때문입니다.

인생을 알수록 내일 일을 자랑할 수 없습니다. 그래도 정말 자랑하고 싶다면 다음과 같이 해야 합니다.

> 타인이 너를 칭찬하게 하고 네 입으로는 하지 말며 외인이 너를 칭찬하게 하고 네 입술로는 하지 말지니라 잠 27:2

남이 칭찬해 주면 고맙지만 그 이상은 생각하지 말라는 것입니다. 내일 일도 모르는 존재가 사람인데, 뭐 그리 대단하다고 자랑을 할까요? 하지만 자기 자랑은 참 이기기 어려운 유혹입니다. 하나님은 히스기야에게 자랑하면 안 된다고 이 말씀을 편집해서 읽게 했습니다. 그러나 히스기야는 읽었는데도 넘어졌습니다. 우리도 마찬가지입니다. 자랑하다가 넘어집니다.

자기 자랑에서 벗어나려면 어떻게 해야 할까요? 나를 자랑하지 않고 하나님을 자랑하면 됩니다. 소설가 헤밍웨이(Ernest Hemingway)는 이런 말을 했습니다. "작가가 노벨상을 받으면 그의 작가로서의 삶은 끝난다." 무슨 뜻일까요? 많은 사람이 자기 자랑에 빠져 교만해지거나 그 부담을 견뎌 내지 못한다는 것입니다. 자기 자랑과 칭찬에 마음을 뺏기면 인생은 황폐해집니다. 여기서 벗어나려면 하나님을 자랑하면 됩니다. 그러면 교만에서 벗어날 수 있고, 명예가 주는 부담에서도 자유로울 수 있습니다.

분노와 질투에서 벗어나려면

자랑에서도 벗어나야 하지만, 분노와 질투에서도 벗어나야 합니다.

> 돌은 무겁고 모래도 가볍지 아니하거니와 미련한 자의 분노는 이 둘보다 무거우니라 잠 27:3

고대 사람들이 힘으로 운반하던 것 중에서 가장 무거운 것이 돌과 모래입니다. 성을 쌓으려면 돌을 날라야 합니다. 그리고 모래를 가져다 부어야 합니다. 모래를 담은 통을 지고 계단을 오르내리면

입에서 단내가 납니다.

그런데 분노는 돌과 모래보다 더 무겁다고 합니다. 분노란 '인생을 고달프게 하는 무거운 짐'입니다. 분노하는 것은 무거운 짐을 지고 허덕이는 것과 같습니다. 그런데 분노보다 더 무거운 것이 있습니다. 바로 투기입니다("분은 잔인하고 노는 창수 같거니와 투기 앞에야 누가 서리요" 4절). 다른 말로는 '질투'라고 합니다. 질투는 분노보다도 더 무겁습니다.

사람들은 밝은 표정을 지으며 평안한 모습으로 살아가는 것 같습니다. 하지만 얼굴을 자세히 보면 그늘져 있습니다. 참 기쁨과 감격이 있는가 질문하면 선뜻 대답하지 못합니다. 무겁고 답답하고 피곤한 마음이 앞섭니다. 왜 그럴까요? 보이지 않는 인생의 짐을 어깨에 가득 지고 있기 때문입니다. 그 짐이 바로 분노와 질투입니다.

나 혼자 있을 때는 하나님께 감사하고 문제가 없습니다. 그런데 다른 사람을 바라보기 시작하면 복잡해집니다. 내 자녀와 다른 집 자녀를 비교하기 시작하면 힘들어집니다. 분노와 질투의 원인이 비교의식과 경쟁의식이기 때문입니다. 그런데 너무 많은 사람이 분노와 질투에 붙들려 살아가고 있습니다. 어떻게 하면 여기서 벗어날 수 있을까요? 하나님을 자랑하면 됩니다. 나의 나 됨이 하나님의 은혜임을 인정하고, 내일 나를 인도하실 하나님을 믿고 사랑하며, 나의 영광되시는 하나님을 자랑하고 찬양하면, 자기 자랑과 분노와 질투에서 벗어나게 됩니다.

다윗과 요나단을 생각해 보십시오. 이들은 가장 위대한 우정을 나눈 사람들입니다. 그런데 사울은 아들 요나단 때문에 다윗을 미워하고 죽이려 했습니다. 자신의 왕위를 아들에게 물려줘야 하는데, 다윗이 등장했기 때문입니다. 그래서 사울은 다윗에게 분노하고 질투합니다. 그러나 사울보다 다윗을 더 미워할 수 있는 요나단은 다윗을 사랑했습니다. 왜일까요? 자기가 아니라 다윗을 왕으로 세우는 것이 하나님의 뜻임을 인정했기 때문입니다. 그래서 분노와 질투에서 벗어나서 다윗을 있는 그대로 받아들일 수 있었습니다.

《예수 심리학》은 예수님의 말씀과 행위를 심리학적 측면에서 분석한 책입니다. 이 책의 결론은 '예수님께는 경쟁의식과 비교의식이 없었다'입니다. 예수님은 하나님 앞에서 자신의 길을 걸어갔을 뿐입니다. 그리스도인으로 살아가는 우리도 그래야 합니다. 신앙은 아주 실제적입니다. 기독교 교리를 알고, 예배에 빠지지 않으면 신앙이 좋은 것일까요? 입으로 능력을 외친다고 정말 능력이 생길까요? 아닙니다. 다른 사람과 비교하며 경쟁하지 말고, 분노와 질투를 극복해야 참다운 신앙인입니다. 화목할 수 없는데 화목하고, 용서할 수 없는 것을 용서하며, 분노할 수밖에 없는데 예수님 안에서 분노를 이기고 승리하는 것이 진정한 신앙입니다.

우리가 붙들어야 하는 것

그렇다면 믿을 것이 없는 세상에서 우리가 붙들어야 하는 것은 무엇일까요? 바로 '하나님 말씀'입니다.

하나님의 말씀은 우리를 아프게도 합니다("면책은 숨은 사랑보다 나으니라" 5절). '면책'(面責)이란 면전에서 책망하는 것입니다. 얼굴을 보면서 노골적으로 잘못을 지적한다는 의미를 지닙니다. '숨은 사랑'이란 직선적으로 충고하지 못하는 사랑입니다. 사랑한다고는 하지만 바른말을 못 하는 것입니다. 진정한 사랑에는 진정한 충고가 있어야 합니다. 왜냐하면 친구의 아픈 책망은 진심에서 나온 것이기 때문입니다("친구의 아픈 책망은 충직으로 말미암는 것이나 원수의 잦은 입맞춤은 거짓에서 난 것이니라" 6절). 충고는 상대방을 사랑하는 마음으로 전하는 것입니다. 우리는 이런 충고를 원수의 달콤한 입맞춤보다 더 좋아해야 합니다.

하나님의 말씀도 그렇습니다. 말씀은 사랑에서 나온 진정한 충고입니다. 듣기에 아플 수도 있지만 그것은 말씀이 잘못된 것이 아니라 우리가 잘못되어 있기 때문입니다. 성경은 죄에 대하여 침묵하지 않습니다. 죄를 알게 하고, 분명히 드러냅니다. 그러나 우리를 미워하거나 버리지 않습니다. 우리 죄를 끝까지 책임지고 해결해 줍니다. 그러므로 우리는 하나님의 말씀을 들어야 합니다.

이런 하나님의 말씀을 어떤 자세로 들어야 할까요? 겸손한 마음으로 들어야 합니다("배부른 자는 꿀이라도 싫어하고 주린 자에게는 쓴 것이라도 다니라" 7절). 입맛은 상대적입니다. 배부른 사람은 아무리 맛있고 좋은 음식도 반갑지 않습니다. 그러나 배고픈 사람은 쓴 것이라도 달게 먹습니다. 왜 말씀을 잘 받아들이지 못할까요? 배부르고, 마음에 기름이 끼었기 때문입니다. 그러므로 하나님의 말씀에 배부른 자가 아니라, 말씀에 목말라하고, 겸손한 마음으로 은혜를 사모하는 사람이 되어야 합니다.

그렇다면 하나님의 말씀을 듣지 않는 자는 무엇과 같을까요? "나그네"와 "떠도는 새" 같습니다("고향을 떠나 유리하는 사람은 보금자리를 떠나 떠도는 새와 같으니라" 8절). 고향을 떠나 유리하는 사람이나 보금자리를 떠나 떠도는 새는 정처 없이 방황합니다. 이것이 하나님을 떠난 인간의 모습이요 진리를 외면하는 어리석은 인간의 모습입니다. 이런 나그네 인생에게 하나님의 말씀은 본향으로 인도하는 길잡이가 됩니다. 우리를 본향으로 인도하는 말씀을 붙들고 살 때 우리에게 행복의 길이 열립니다.

함께 이야기하기

1. 히스기야의 가장 큰 잘못은 무엇인가요? 내가 해낸 일들을 누군가에게 자랑하고 싶을 때, 우리는 무엇을 자랑해야 할까요?

2. 다른 사람에게 분노와 질투가 생기는 이유는 무엇인가요? 마음에 분노와 질투가 일어날 때, 우리가 해야 할 것은 무엇인가요?

3. 하루를 마무리하고 내일을 준비하며 읽을 말씀을 정리해 봅시다. 그리고 그 말씀이 어떤 의미인지 나눠 봅시다.

함께
기도하기

사랑하는 하나님!
우리는 자기 자랑에 매여 있는 사람들입니다.
하나님을 자랑하는 사람들이 되게 하소서.
그 속에 담긴 능력과 위대함을 알게 하소서.
분노와 질투의 짐을 지고 살지 않게 하시고,
나와 이웃을 향한 하나님의 뜻을 인정하며
하나님 앞에서 내 인생길을 바로 걸어가게 하소서.
하나님의 말씀을 기쁨으로 받게 하시고,
말씀에서 멀어진 외롭고 초라한 인생,
본향을 잃은 처량한 인생이 되지 않게 하소서.

잠 27:17-27

17 철이 철을 날카롭게 하는 것같이 사람이 그의 친구의 얼굴을 빛나게 하느니라
18 무화과나무를 지키는 자는 그 과실을 먹고 자기 주인에게 시중드는 자는 영화를 얻느니라
19 물에 비치면 얼굴이 서로 같은 것같이 사람의 마음도 서로 비치느니라
20 스올과 아바돈은 만족함이 없고 사람의 눈도 만족함이 없느니라
21 도가니로 은을, 풀무로 금을, 칭찬으로 사람을 단련하느니라
22 미련한 자를 곡물과 함께 절구에 넣고 공이로 찧을지라도 그의 미련은 벗겨지지 아니하느니라
23 네 양 떼의 형편을 부지런히 살피며 네 소 떼에게 마음을 두라
24 대저 재물은 영원히 있지 못하나니 면류관이 어찌 대대에 있으랴
25 풀을 벤 후에는 새로 움이 돋나니 산에서 꿀을 거둘 것이니라
26 어린 양의 털은 네 옷이 되며 염소는 밭을 사는 값이 되며
27 염소의 젖은 넉넉하여 너와 네 집의 음식이 되며 네 여종의 먹을 것이 되느니라

13

일하는 자에게
주시는 복

일에 대한 관점

17세기 영국의 위대한 건축가 크리스토퍼 렌(Christopher Wren)은 화재로 불타 버린 런던의 세인트폴 대성당을 재건축했습니다. 어느 날 건설현장을 방문했는데, 사람들은 그를 알아보지 못했습니다. 그는 일하는 사람들에게 무엇을 하고 있느냐고 물었습니다.

한 사람이 이렇게 말했습니다. "돈을 벌고 있소. 일당 5실링 2펜스입니다."

또 한 사람이 말했습니다. "보면 모르시오? 바위를 절단하는 중입니다."

마지막 사람은 이렇게 말했습니다. "나는 하나님의 영광을 위해 크리스토퍼 렌을 돕고 있습니다."

같은 일을 하고 있었지만, 일하는 자세는 서로 달랐습니다.

어떤 사람이 일을 하면서 갖는 가치관을 그의 직업관, 혹은 노동관이라고 합니다. 옛날부터 우리나라에서는 일하는 자세에 따라 생계, 직업, 천직 이 세 가지로 나누었습니다. '생계'는 돈을 버는 게 목적입니다. '직업'은 사회적 역할을 수행하며 자기를 실현하는 게 목적입니다. '천직'은 더 높은 의미를 가지는데, 그 일을 하나님이 나에게 주신 소명이라고 생각하는 것입니다. 우리는 일에 대해 어떤 입장을 가지고 있습니까? 일은 생계입니까, 아니면 직업, 혹은 천직입니까?

일하는 자에게 주시는 복이 있습니다. 다른 말로는 '노동의 미학'이라 할 수 있습니다. 본문에서는 세 가지를 말씀하는데, 첫째 '일이란 무엇인가?', 둘째 '일과 사람의 관계', 셋째 '일과 물질의 관계'입니다.

일이란 무엇인가

일이란 섬기는 것입니다.

> 무화과나무를 지키는 자는 그 과실을 먹고 자기 주인에게 시중드는 자는 영화를 얻느니라 잠 27:18

"자기 주인에게 시중드는 자"란 말이 나오는데, 시중드는 것이 '섬기는 것'입니다. 일이란, 자기에게 주어진 재능으로 세상을 섬기는 것입니다. 우리는 흔히 높은 사람은 대접을 받고, 지위가 낮은 사람만 섬긴다고 생각하는데 그렇지 않습니다. 섬김의 방법이 다를 뿐 높은 사람도 낮은 사람을 섬깁니다. 어떤 의미에서는 높은 사람이 더 많이 섬깁니다. 대통령도 국민을 섬겨야 합니다. 아버지도 가족을 책임지고 가정을 섬깁니다. 회사 대표도 직원들을 섬깁니다. 직원들에게 일자리와 급여를 주어야 합니다. 높은 자리에 있는 사람들에게 섬기는 자세가 없으면 그 단체나 공동체는 아주 힘들어집니다. 낮은 사람도 자기만 섬긴다고 착각하면 안 됩니다. 자기도 많은 섬김을 받고 있음을 알아야 합니다.

하나님은 사람에게 에덴동산을 돌보라고 하셨습니다. 일을 주신 것입니다. 그러므로 일이란 모든 사람에게 주신 하나님의 축복의 선물이며, 우리는 일을 통해 세상과 하나님을 섬길 수 있습니다. 그런데 죄악이 들어온 이후로 사람들은 일을 축복이 아니라 저주로 생각했고, 지위가 낮은 사람들만 하는 것으로 오해했습니다. 잘못된 노동관을 가지게 된 것입니다. 일에 대한 올바른 생각이 회복되어야 합니다.

그런데 섬기면 손해를 볼까요? 아닙니다. 섬김의 결과로 영화를 얻습니다. 좋은 주인을 시중듭니다. 종이 일을 성실하게 감당하면 그는 주인에게 없어서는 안 될 소중한 사람이 됩니다. 주인에게 인정받고, 사랑을 받는 것이 영광입니다. 수고하고 섬길 때는 자기가 낮아지는 것 같아서 하지 않으려고 합니다. 그러나 수고하면 거기에 따른 영광이 주어집니다. 영광은 '어디서 무엇을 하든지 꼭 필요한 사람'이 되는 것입니다. 그리고 영광은 가만히 앉아서 받는 게 아니라 수고하고 섬긴 만큼 받게 됩니다.

그렇다면 다른 사람을 잘 섬기는 것이 중요해집니다. 그런데 잘 섬기는지 어떻게 알 수 있을까요? 다른 사람의 행동을 통해 알게 됩니다("물에 비치면 얼굴이 서로 같은 것같이 사람의 마음도 서로 비치느니라"

19절). 자기 얼굴을 물에 비추어 보면 내 얼굴이 그대로 보입니다. 마찬가지로 내가 사람을 어떻게 대했는지는 다른 사람의 얼굴을 보면 압니다. 내가 그 사람에게 행한 대로 그 사람도 나에게 행하기 때문입니다.

어느 어머니가 고향을 떠나 도시로 가는 아들에게 말했습니다.

"온몸이 비치는 거울을 가져오너라. 웃어 보아라. 화를 내 보아라. 손을 들고 때리는 시늉을 해 보아라."

아들은 그렇게 했습니다.

"어떤 얼굴이 보이느냐?"

"내가 웃으니까 거울 안에 있는 나도 웃고, 내가 화를 내니까 거울 안에 있는 나도 화를 내고, 내가 때리는 시늉을 하니까 거울 안에 있는 나도 때리려고 합니다."

"바로 그것이다. 네가 어떻게 하느냐에 따라서 상대방도 그렇게 할 것이다. 이것을 알고 실천한다면 너는 반드시 성공할 것이다."

상대방의 행동은 내가 그에게 행한 것의 거울입니다. 나를 향한 사람들의 반응을 보면서 나를 살펴보는 자세를 가져야 합니다.

일과 사람의 관계

우리는 일을 통해 사람을 만나게 됩니다. 사람과 사람이 만나면 어떤 일이 벌어질까요?

철이 철을 날카롭게 하는 것같이 사람이 그의 친구의 얼굴을 빛나게 하

느니라 잠 27:17

대장간에서는 칼을 달궈 쇠로 때립니다. 쇠로 때릴수록 칼은 날카로워지고, 이런 과정을 통해 쓸 만하게 됩니다. 명검이 되는 것입니다. 사람과의 만남도 그렇습니다. 만나면 서로 간에 갈등이 생기고 상처를 받기도 합니다. 그러면서 서로에게 영향을 줍니다. 마치 철이 철을 날카롭게 하는 것같이 서로에게 유익해집니다. 쇠가 칼을 때리는 과정에서 불꽃이 튑니다. 그것이 싫어서 안 만나면 칼은 무뎌진 채 아무 쓸모가 없게 됩니다. 나와 잘 맞지 않는다고 만남을 회피해서는 사회생활을 할 수 없습니다. 사람과 사람은 만나서 서로 부대끼며 살아가야 합니다.

나보다 강한 칼을 만나게 되어도 힘이 듭니다. 그러나 그것 때문에 더욱 예리해지고 쓸 만하게 됩니다. 사람도 그렇습니다. 내가 상대하기 어려운 사람을 만나면서 조심도 하고, 자극도 받고, 아파도 하고, 닮기도 하고, 힘을 얻기도 해야 합니다.

우리는 내 주변에 마음에 꼭 드는 사람들만 있으면 좋겠다고 생각합니다. 나보다 더 좋은 사람, 잘난 사람만 만나려고 합니다. 그러나 공동체 안에는 언제나 맘에 들지 않는 사람이 있습니다. 다 훌륭한 사람만 있으면 최상일 것 같은데 아닙니다. 돌보아야 할 약자가 있어야 합니다. 그러므로 모두가 필요합니다. 사람은 자기보다 못한 사람도, 자기보다 나은 사람도 만나면서 성장합니다. 그러면 자신의 얼굴이 빛나게 됩니다.

하지만 성장하면서 조심해야 할 것도 있습니다. 바로 '교만'입니다("도가니로 은을, 풀무로 금을, 칭찬으로 사람을 단련하느니라" 21절). 도가니는 은을 정제해 순수하게 만들어 주고, 풀무는 금을 순수하게 만들어 줍니다. 마찬가지로 칭찬으로 그 사람을 단련할 수 있습니다. 칭찬해 보면 그가 어떤 사람인지 알게 되고, 그 속에 있는 불순물을 걸러 낼 수 있습니다. 칭찬이라는 도가니에 그 사람을 넣으면 불순물이 나옵니다. 그 불순물이 교만입니다. 교만은 평소에 잘 드러나지 않습니다. 그러나 없는 것이 아닙니다. 속에 들어 있기 때문에 잘 드러나지 않을 뿐입니다. 나름 인격을 가지고 잘 억제했는데, 칭찬을 받으면 고삐가 풀립니다. 그러면서 교만이 드러납니다. 그러므로 칭찬을 받았을 때 교만해지면 안 됩니다. 위로와 격려를 받고, 자부심을 가지는 것으로 족합니다.

반대로 비판을 받을 때도 있습니다. 그럴 때는 어떻게 해야 할까요? 비판을 수용하면 됩니다("미련한 자를 곡물과 함께 절구에 넣고 공이로 찧을지라도 그의 미련은 벗겨지지 아니하느니라" 22절). 곡물을 절구에 넣고 공이로 찧으면 껍질이 벗겨지고 점점 가루가 됩니다. 그래서 부드럽고 먹기 좋은 음식이 됩니다. 마찬가지로 어리석고 미련한 것은 벗겨져야 하고, 깨져 나가야 합니다. 그것에 대해 누군가가 말하고 혼을 내고 욕을 하기도 합니다. 그것 때문에 고난이 주어지기도 합니다. 그러면 알아듣고 자기를 고쳐야 합니다. 그런데 미련한 사람은 비판을 싫어하고 거절하고 원망하면서 고치지 않습니다.

다시 말해 칭찬을 들었을 때, 삶의 모든 일이 잘 풀리고 형통할 때 교만하면 안 됩니다. 반대로 비판이나 지적을 받을 때, 자기를 고치는 사람이 되어야 합니다.

일과 물질의 관계

일하는 목적은 돈이 전부일까요? 그 이상입니다. 그러나 물질과 무관하지 않습니다. 그 일의 결과 필요한 모든 것을 얻게 됩니다. 먼저 생각할 것은 우리 속에는 엄청난 욕심이 있다는 것입니다("스올과 아바돈은 만족함이 없고 사람의 눈도 만족함이 없느니라" 20절). 여기서 '스올'은 죽은 자가 있는 곳, 음부를 말합니다. '아바돈'은 죽음의 자리입니다. 즉, 스올과 아바돈은 죽음의 세계를 말합니다. 죽음의 세계는 만족함이 없습니다. 역사 이래로 많은 사람이 죽었는데 "그만 죽어라. 여기 꽉 찼으니 이제는 제발 그만 오너라"고 말을 하지 않는다는 것입니다. 끝도 없이 계속 오라고 합니다.

지옥은 '끝도 없이 요구'하는 특성이 있습니다. 끝없는 욕망 자체가 지옥입니다. 그 정도 가졌으면 더 바랄 것이 없을 것 같은데, 더 바랍니다.

인간의 마음도 죽음의 세계처럼 만족이 없습니다. 지옥처럼 살고 싶지 않으면 만족해야 합니다. "감사합니다" "충분합니다"라는 말을 하지 못하면 어디서 살아도 지옥입니다. 얼마나 가지면 만족할 수 있을까요? "지금보다 조금 더!" 자본주의는 항상 만족을 말하지 않습니다. 목숨을 걸고 욕심을 부립니다. 탐심은 절대 꺼지지 않습니다. "인생이란 탐욕에 붙들려 살다가 음부로 감으로써 끝을 맺는

다." 이것을 아는 것이 지혜입니다.

미국의 심리학자 윌리엄 제임스(William James)가 이렇게 말했습니다. "욕심을 버리는 것은 그것을 충족시키는 것만큼이나 행복과 자유를 가져온다. 더 중요한 것은 그것이 훨씬 더 안전하고 쉽다는 것이다." 행복이란 어느 단계에서 욕심을 제한하고 만족하는 것입니다. 사실은 만족하는 것이 소유의 극치입니다.

지나친 욕심을 버리고 무엇을 해야 할까요? 자신에게 맡겨진 그 일을 성실하게, 부지런히 해야 합니다("네 양 떼의 형편을 부지런히 살피며 네 소 떼에게 마음을 두라" 23절). 양을 친다면 그 양 떼의 형편을 살펴야 합니다. 소를 기르고 있다면 거기에 마음을 두고 관심을 가지며 지켜봐야 합니다. 책임감을 가지고 맡은 일에 최선을 다하며 자족하는 마음을 가져야 합니다. 어떤 일이든지 근면 성실하게, 감사하는 마음으로 해야 합니다. 이것이 지극히 정상적인 삶입니다.

한편 물질은 영원하지 않습니다("대저 재물은 영원히 있지 못하나니 면류관이 어찌 대대에 있으랴" 24절). 여기서 면류관은 하나님 앞에서 받는 영원한 면류관이 아니라 세상의 명예, 높은 자리를 의미합니다. 면류관을 얻겠다고 자기에게 맡겨진 일을 소홀히 하면 안 됩니다. 자기가 해야 할 일을 외면하고 다른 일을 하는 것을 하나님은 좋아하시지 않습니다. 자기 일을 잘하다 보면 높아질 수도 있고, 명예를 얻을 수도 있습니다.

지나친 재물을 얻겠다고 성실함을 잃지 말아야 합니다. 돈에 목을 매고 살지 마십시오. 그렇게 얻은 재물이 영원하지 않기 때문입니다. 열심히 일하다 보면 산에서 꿀을 거두기 마련입니다("풀을 벤 후에는 새로 움이 돋나니 산에서 꿀을 거둘 것이니라" 25절). 하나님이 그 일에 대하여 은총을 베푸시고 열매를 주십니다. 옷도 생기고 재정적으로도 넉넉해지며("어린 양의 털은 네 옷이 되며 염소는 밭을 사는 값이 되며" 26절), 먹을 것도 풍성해집니다("염소의 젖은 넉넉하여 너와 네 집의 음식이 되며 네 여종의 먹을 것이 되느니라" 27절). 이것이 세상의 원리입니다.

이러한 원리대로 살아간 사람이 바로 다윗입니다. 다윗은 원래 목동이었는데 양들을 살피다가 왕이 되었습니다. 사무엘 선지자가 이새의 아들 중에서 왕이 될 사람을 선택하러 왔을 때 다윗은 양 떼를 돌보고 있었습니다. 왜 그 시간에 없었을까요? 그가 어렸기 때문일까요? 아버지가 기대하지 않았기 때문일까요? 다윗이 성실했기 때문입니다. 형들은 사무엘 선지자에게 잘 보이려고 긴장했을 것 같습니다. 그러나 다윗은 '형들 중에서 나오겠지' 하며 욕심도 부리지 않고, 기대도 하지 않았으며 주어진 양 떼에 마음을 두고 돌보았습니다. 다윗은 주어진 일에 얼마나 성실했을까요? 그는 늑대가 오면 돌팔매로 내쫓았습니다. 하나님은 그 모습을 주목하시고 "이스라엘 백성들을 다윗에게 맡기겠다"고 하셨습니다. 다윗이 목자의 마음으로 백성을 돌볼 수 있다고 믿으셨기 때문입니다. 내가 하는 일이 대단하지 않아 보여도 작은 일에 충성할 때 큰일을 감당할 수 있는 것입니다. 오늘 우리에게 맡기신 일을 성실하게 감당할 때, 하나님이 그 사람의 삶을 인도해 가십니다.

> **함께 이야기하기**

1. 주목 받지 않는 자리에서 다른 사람을 잘 섬겼을 때, 꼭 필요한 사람이 된 경험이 있다면 나눠 봅시다.

2. 일을 하다가 칭찬과 비판을 받을 때, 어떻게 행동해야 할까요?

3. 일을 하면서 물질을 대하는 자세는 어떠해야 할까요?

함께 기도하기

우리에게 일을 주시는 하나님!
그 일을 통해 이웃과 세상, 그리고 하나님을 섬기게 하소서.
일을 통해 하나님께는 영광을 올려드리고, 자신은 성장하게 하소서
비록 그 일이 작아 보일지라도
거기에 마음을 두고 감사하면서 성실하게 하소서.
그 결과 필요한 것이 공급되고 만족하게 하소서.

잠 28:1-9

1 악인은 쫓아오는 자가 없어도 도망하나 의인은 사자같이 담대하니라
2 나라는 죄가 있으면 주관자가 많아져도 명철과 지식 있는 사람으로 말미암아 장구하게 되느니라
3 가난한 자를 학대하는 가난한 자는 곡식을 남기지 아니하는 폭우 같으니라
4 율법을 버린 자는 악인을 칭찬하나 율법을 지키는 자는 악인을 대적하느니라
5 악인은 정의를 깨닫지 못하나 여호와를 찾는 자는 모든 것을 깨닫느니라
6 가난하여도 성실하게 행하는 자는 부유하면서 굽게 행하는 자보다 나으니라
7 율법을 지키는 자는 지혜로운 아들이요 음식을 탐하는 자와 사귀는 자는 아비를 욕되게 하는 자니라
8 중한 변리로 자기 재산을 늘이는 것은 가난한 사람을 불쌍히 여기는 자를 위해 그 재산을 저축하는 것이니라
9 사람이 귀를 돌려 율법을 듣지 아니하면 그의 기도도 가증하니라

14

의인은 사자처럼 담대합니다

죄의 심리학

영국의 어느 짓궂은 기자가 11명의 정치가에게 무기명 전보를 띄웠습니다. "당신이 계획하고 있는 일이 발각되었으니 빨리 피하시오." 다음 날 확인해 보니 11명 모두가 도망가고 없었다고 합니다. 쫓아오는 자가 없어도 "누가 나를 잡으러 쫓아온다!"고 생각하고 도망가는 현상을 '가인의 불안'이라고 합니다.

창세기를 보면 가인이 동생 아벨을 죽였습니다. 하나님이 그에게 말씀합니다. "네 동생 아벨이 어디 있느냐?" 그러자 가인은 대답했습니다. "모릅니다. 내가 동생을 지키는 자입니까?" 하나님은 네 동생이 어디 있느냐고 질문하면서 가인에게 회개할 기회를 주셨습니다. 그때 가인은 "하나님, 제가 잘못했습니다. 제가 동생을 죽였습니다"라고 했어야 합니다. 그런데 가인은 거부했습니다. 그러자 하나님이 말씀하셨습니다. "너는 땅에서 피하며 유리하는 자가 되리라."

그 말을 듣고 가인은 이렇게 대답했습니다. "주께서 나를 쫓아내시니 만나는 자마다 나를 죽일 것입니다." 하나님이 쫓아낸 것이 아닙니다. 누가 가인을 죽이려 했습니까? 아무도 없습니다. 그러나 죄인의 마음은 누가 쫓아오지 않아도 불안에 떨고 쫓기며 정처 없는 방랑자가 되게 합니다. 그가 에덴동산을 떠나서 처음으로 한 일이 바로 성을 쌓은 것입니다. 왜 성을 쌓았을까요? 누군가가 자기를 쫓아오는 것 같아서 불안하기 때문에, 자기를 보호하려고 성을 쌓은 것입니다.

죄를 지으면 왜 불안할까요? 먼저는 상대방이 원한을 가지기 때문입니다. 그리고 자기 양심이 고발하기 때문입니다. 더 중요한 것은 하나님을 거역했기 때문입니다. 하나님의 돌보시는 은혜를 떠났기 때문에 영혼이 불안한 것입니다. 그래서 쫓아오는 자가 없어도 도망합니다. 이것이 죄의 심리학입니다.

본문은 "의로움의 가치"에 대해 말씀합니다. 다른 말로는 '히스기야의 정치철학'입니다. 북이스라엘이 망한 것을 보고 히스기야는 '그들은 왜 망했는가? 그리고 나는 어떻게 나라를 다스려야 하는가?' 질문하고 하나님 말씀 안에서 해답을 찾고자 했습니다. 이를 통해 개인이 평안하고 두려움 없이 살려면 무엇이 필요한가에 대한 답을, 국가가 평안하고 견고하려면 무엇이 필요한가에 대한 답을 찾고자 했습니다. 이것의 답은 의로움은 무엇이며, 의와 법은 어떤 관계를 가지고 있는가에 대한 것입니다.

의로움은 무엇인가

의는 '올바른 관계' '마땅한 관계'를 의미합니다. '너와 나 사이에' 마땅한 관계가 의입니다. 부부 사이나 부모와 자녀 간에 의가 필요합니다. 하나님과 인간 사이에도 의가 필요합니다. 하나님이 모든 관계에 필요한 기본질서를 세우셨는데, 그것이 '의'입니다. 그런데 인간은 의로운 존재일까요? 아닙니다.

> 가난한 자를 학대하는 가난한 자는 곡식을 남기지 아니하는 폭우 같으니라
> 잠 28:3

의로움은 어떻게 나타날까요? 가난한 사람들은 돌보아야 합니다. 상대방이 가난하다고 그들을 무시하거나 학대하면 안 됩니다. 그것은 의롭지 않습니다. "가난한 자를 학대하는 가난한 자"라는 말을 어떻게 보십니까? 어떻게 가난한 자가 가난한 자를 학대할까요? 오히려 불쌍히 여겨야 하지 않나 싶습니다. 그런데 아닙니다. 시집살이를 한 며느리가 자기 며느리에게 시집살이를 시키고, 가난했던 사람이 가난한 사람을 학대하는 일이 종종 있습니다. 그렇다면 부자는 가난한 사람을 학대하지 않을까요? 아닙니다. 이 말의 의미는 인간이란 알아서 무자비하고, 몰라서 무자비하다는 것입니다. 이것이 인간의 모습입니다.

중한 변리로 자기 재산을 늘이는 것은 가난한 사람을 불쌍히 여기는 자를

위해 그 재산을 저축하는 것이니라 잠 28:8

중한 변리로 자기 재산을 늘리는 것은 불의한 일입니다. 불의한 재물로 돈을 번 사람에게는 아무 유익이 없습니다. 제대로 쓸 사람에게 돈이 가는 것입니다. 하나님은 왜 돈을 벌게 하셨을까요? 그 돈으로 필요한 일에 잘 사용하라는 것입니다. 그런데 그렇게 사용하지 못하면 하나님은 "알았어. 넌 모으기만 해. 내가 잘 쓸 수 있는 사람에게 주마"라고 하십니다. 이것이 하나님의 방법입니다. 그래서 죄인이 모아 놓은 재물을 의인이 쓸 수 있게 하셨습니다.

사람이 귀를 돌려 율법을 듣지 아니하면 그의 기도도 가증하니라 잠 28:9

기도는 좋은 것입니다. 그러나 불의한 기도도 있습니다. 불의한 기도는 하나님의 뜻에 귀를 기울이지 않고, 자기가 원하는 것을 달라고 요구하는 기도입니다. 내 욕심을 채우는 목적으로 기도하면 안 됩니다. 하나님의 뜻을 알고, 그 뜻에 순종하는 힘을 얻으려는 게 기도의 목적입니다. 그런데 인간은 이렇게 아름다운 기도도 불의하게 사용하는 존재입니다. 8절과 연결해서 보면, 사람이 복을 달라고 기도해서 하나님께서 주셨으면, 그 복을 잘 나누어 사용해야 함을 알 수 있습니다. 주신 복을 써야 할 곳에 쓰지 않으면 가증한 것이 됩니다. 그러므로 '복을 달라고 하라. 그리고 그 받은 복을 잘 나누라.' 이것이 의로움이고, 더 큰 복을 받는 비결입니다.

부자는 가난한 자를 돌보아야 하고, 가난한 자는 부자를 인정하고 존경해야 합니다. 이것이 의입니다. 그런데 인간에게는 이렇게 마땅히 있어야 할 의가 없습니다. 이런 사람들은 마치 '폭우'와 같습니다. 곡식을 자라게 하고 삶을 윤택하게 만들어 주는 비도 있습니다. 그러나 폭우는 모든 것을 쓸어 가 버려 아무것도 남아나지 않습니다. 의가 없으면 이렇게 삶이 황폐해지는 것입니다.

인간에게는 의가 없습니다. 의인은 없습니다("기록된 바 의인은 없나니 하나도 없으며" 롬 3:10). 그러면 어떻게 의로워질 수 있을까요? 예수님으로 의로워질 수 있습니다. 예수님을 통해 '전가 받은 의'가 필요합니다. 예수님의 십자가를 아는 사람, 진정으로 의를 얻게 된 사람들이 진정한 의미에서 의로운 행위를 할 수 있습니다. 의의 극치는 사랑입니다. 하나님은 우리에게 하나님을 사랑하고 이웃을 사랑하라고 하십니다.

인간은 자기밖에 모르고, 자기의 유익을 위해서는 어떤 일이라도 할 수 있는 존재입니다. 부모가 자녀를 사랑하지만 얼마나 이기적인지 모릅니다. 너무나 사랑하는 내 자녀를 위해서는 남의 자녀를 얼마든지 해롭게 만들 수 있습니다. 참사랑은 예수님의 십자가 앞에 서 본 사람만 할 수 있습니다. 하나님이 요구하시는 사랑이 이것입니다. 예수님으로 인하여 사랑하는 그 사랑이 참사랑입니다. 십자가를 경험한 사람으로서, 예수님으로 인하여 존재하는 나로서 이웃과 가족을 사랑하는 것입니다. 진정으로 의로워진 사람이 진정으로 사랑을 실천할 수 있습니다.

의로움의 중요성

> 악인은 쫓아오는 자가 없어도 도망하나 의인은 사자같이 담대하니라
> 잠 28:1

악인은 쫓아오는 사람이 없어도 도망한다고 합니다. 얼마나 경황이 없는지 뒤에 사람이 쫓아오는지 확인할 용기나 여유도 없습니다. 우리가 생각하기에는 죄를 많이 지은 사람들이 용감할 것 같습니다. 도둑이나 강도들이 얼마나 담대한지, 칼 들고 설치니까 굉장히 용감한 것처럼 보입니다. 그러나 그들은 한없이 약하고 두려움에 붙들려 살아갑니다.

그러면 누가 담대할까요? 의인입니다. 진정한 용기는 의로움에 있습니다. 그래서 의인은 젊은 사자처럼 담대합니다. 어떤 것도 두려워하지 않습니다. 이스라엘 사람들은 하나님이 사람에게 의롭게 살아가고 있는지를 알 수 있는 능력을 주셨다고 말합니다. 바로 양심입니다. "그러므로 양심은 우리 마음에서 역사하시는 하나님의 음성입니다." 이 양심이 건강하고, 깨끗하고, 자유가 있을 때 평안과 용기가 있는 것입니다. 하지만 양심은 죄를 지을 때 병듭니다. 죄를 짓고 양심을 배반하면 누가 심판하지 않아도 스스로 못 견딥니다. 그래서 하나님은 양심을 통해서 올바른 길로 가게 하시고, 잘못된 길로 갔을 때 뉘우치고 돌아오도록 만드는 것입니다.

하나님과의 관계가 올바른 사람, 의로운 사람은 아무것도 두려

워하지 않습니다. 십자가를 통한 의를 소유하면 죽음도 두려워하지 않습니다. 순교자는 연약해 보이지만 죽음 앞에서 전혀 흔들리지 않습니다. 하나님이 나와 함께하신다는 확신이 있기 때문입니다. 의로운 사람은 자기의 길을 분명하게 알고 있습니다. 면류관이 자신을 기다리고 있음을 믿기 때문에 두려워하지 않는 것입니다.

죄는 개인적으로는 사람을 두렵게 만들고, 공동체적으로는 혼란을 가져옵니다. 반대로 의로우면 개인적으로 담대할 뿐 아니라 공동체는 견고해집니다("나라는 죄가 있으면 주관자가 많아져도 명철과 지식 있는 사람으로 말미암아 장구하게 되느니라" 2절). 죄가 있으면 권위가 깨지고 깨진 권위 사이로 누군가가 달려듭니다. 그래서 권력투쟁이 일어나고 지도자의 임기가 짧아집니다. 모두가 왕이 되겠다고 하기 때문입니다. 죄 때문에 권력이 약화되고, 함부로 넘보는 자가 많아지는 것입니다.

나라가 왜 이리 시끄러울까요? 의가 없기 때문입니다. 흠잡힐 일을 많이 했다는 것입니다. 이럴 때 어떻게 해야 합니까? 의로워져야 합니다. 잘못했다고 말해야 합니다. 많은 정치가가 어떻게 하면 강력한 정부를 만들 수 있을까 고민합니다. 그것은 말, 힘 혹은 다른 것으로 되지 않습니다. 국민으로부터 신뢰를 받아야 하는데, 신뢰를 받기 위해선 의가 있어야 합니다. 그러므로 개인도 국가도 의가 있어야 하나님의 은총을 힘입을 수 있고, 국민을 하나로 연합시킬 수 있습니다. 그러므로 의로움을 사모해야 합니다. 의로운 것이 지혜입니다.

의와 법의 관계

그렇다면 어떻게 의로워질 수 있을까요?

> 율법을 버린 자는 악인을 칭찬하나 율법을 지키는 자는 악인을 대적하느니라 잠 28:4

의를 유지하고 보전하기 위해서 법을 만듭니다. 그러므로 법이란 의를 지키기 위한 보루이며 지침(guideline)입니다. 법을 안 지키면 의가 무너지고 맙니다. 왜 정치가들이 그렇게 행동할까 이해되지 않을 때가 있습니다. 머리도 좋고, 생각도 많은 그들이 상식 밖의 행동을 하는 이유는 욕심 때문입니다. 그로 인해 눈이 어두워져서 의로운 길로 가지 못하는 것입니다.

'의로운 것인가, 불의한 것인가' '무엇이 선이고, 무엇이 악인가' 이것이 기준이 되어야 하는데, 이익을 먼저 생각하니 의를 잃어버리게 됩니다. 그런데 그들은 의로움을 잃었다고 인정하고 싶어 하지 않습니다. 그래서 악인을 칭찬하는 것입니다. 그러나 "율법을 지키는 자는 악인을 대적"합니다. 하나님의 율법은 악을 악이라 하고, 선을 선이라고 합니다. 하나님의 율법을 따르면 분별력이 생깁니다. 말씀은 빛이기 때문에 말씀을 붙들면 어둠이 사라집니다. 그래서 선악을 분별하고 더 나아가서 악과 싸울 힘이 생깁니다. 악인을 대적할 수 있게 되는 것입니다.

북이스라엘은 의가 없기 때문에 멸망했습니다. 의가 없던 왕들은 쫓아오는 자가 없어도 도망쳤습니다. 누가 나를 살해하지 않을까 두려워했습니다. 그래서 200년 동안 9번이나 왕조가 바뀌었습니다. 왕이었지만 그들은 두려움의 노예였습니다.

의를 상실한 증거로 하나님의 율법을 버렸고, 그 결과 두려움에 쫓기는 사람이 되었으며 나라가 무너져 버렸습니다. 히스기야는 이런 현실 앞에서 '어떻게 통치할 것인가?'란 질문의 답을 찾았습니다. "의로워지리라. 하나님의 율법을 잘 지키리라. 그럴 때 나는 담대해지고 나라는 견고할 것이다." 이것이 하나님이 솔로몬에게 주셨던 말씀이고, 히스기야에게 이어진 말씀이며, 더 나아가 오늘 우리에게 주시는 말씀입니다.

인생은 장담할 수 없습니다. 그래서 두렵고 떨리는 것이 인생입니다. 우리가 무엇을 의지해야 담대할 수 있을까요? 나와 함께하시는 하나님을 의지해야 합니다. 우리가 하나님을 의지하지 않으면 우리를 주관하는 주관자가 많아집니다. 돈과 명예와 지식과 이데올로기가 우리를 지배합니다. 내가 휘둘리지 않고 살 수 있는 유일한 방법은 하나님의 말씀을 붙잡는 것입니다.

물론 많은 난관이 닥칠 수 있습니다. 하지만 낙심할 필요가 없습니다. 하나님은 살아 계십니다. 눈앞의 현실에 낙심하지 말고, 고개를 들어 하나님을 바라보아야 합니다. 의인은 사자처럼 담대합니다. 세상은 험하고 풍파도 많지만 예수님을 바라보며 담대하게 나갈 때, 하나님의 의로움이 분명히 보일 것입니다.

함께 이야기하기

1. 하나님이 맡기신 일들을 열심히 했을 때, 다른 사람을 통해 필요한 재정이 채워진 적이 있다면 나눠 봅시다.

2. 담대한 사람의 근거는 무엇일까요? 진정한 용기를 가진 사람은 어떻게 행동하나요?

3. 나 한 사람이 하나님의 말씀을 붙잡고 의롭게 설 때, 내 주변의 불의한 상황들은 어떻게 변화될까요?

> **함께 기도하기**

우리를 의롭게 하시는 하나님!
두려움이 많고 불안한 우리를
주 안에서 담대하게 하소서.
수많은 가치가 나를 지배하지 못하게 하시고
오직 하나님의 말씀 안에서
의로움의 가치를 지켜 가게 하소서.
법을 지키며 선악을 분별하고 악과 싸울 힘을 주소서.

잠 28:10-20

10 정직한 자를 악한 길로 유인하는 자는 스스로 자기 함정에 빠져도 성실한 자는 복을 받느니라
11 부자는 자기를 지혜롭게 여기나 가난해도 명철한 자는 자기를 살펴 아느니라
12 의인이 득의하면 큰 영화가 있고 악인이 일어나면 사람이 숨느니라
13 자기의 죄를 숨기는 자는 형통하지 못하나 죄를 자복하고 버리는 자는 불쌍히 여김을 받으리라
14 항상 경외하는 자는 복되거니와 마음을 완악하게 하는 자는 재앙에 빠지리라
15 가난한 백성을 압제하는 악한 관원은 부르짖는 사자와 주린 곰 같으니라
16 무지한 치리자는 포학을 크게 행하거니와 탐욕을 미워하는 자는 장수하리라
17 사람의 피를 흘린 자는 함정으로 달려갈 것이니 그를 막지 말지니라
18 성실하게 행하는 자는 구원을 받을 것이나 굽은 길로 행하는 자는 곧 넘어지리라
19 자기의 토지를 경작하는 자는 먹을 것이 많으려니와 방탕을 따르는 자는 궁핍함이 많으리라
20 충성된 자는 복이 많아도 속히 부하고자 하는 자는 형벌을 면하지 못하리라

15

복 있는 사람

복된 환경인가, 복된 존재인가

복이란 무엇입니까? 자녀들이 부모에게 "아빠, 엄마! 복이 뭐예요? 진정한 복이란 어떤 것이에요?" 물었다고 생각해 보십시오. 어렴풋이 알겠지만, 막상 분명히 대답하려면 간단하지 않습니다. 대부분의 사람이 '복'을 "돈이 많아야지" "건강해야지" 이런 식으로 대답합니다.

전통적으로 사람들이 좋아하는 다섯 가지의 복을 오복이라고 합니다. 첫째 복은 부(富)입니다. 말 그대로 돈 많이 벌어서 잘 먹고 잘사는 게 복입니다. 그러나 아무리 돈이 많아도 쓰지 못하고 죽으면 안 되지요. 오래 살아야 합니다. 둘째 복은 수(壽)입니다. 그런데 돈도 많고 오래 살아도 늘 아프고 골골하면 아무것도 아닙니다. 셋째 복은 강녕(康寧)입니다. 건강(健康)하다 할 때의 '편안할 강'(康)과 안녕(安寧)하다 할 때의 '편안할 녕'(寧), 즉 몸이 건강하고 마음이 편안해야 복이라는 것입니다. 넷째 복은 유호덕(攸好德)입니다. 덕을 좋아한다는 말인데, 이웃에게 선을 베풀고, 덕스럽게 사는 것이 복이라는 말입니다. 마지막은 고종명(考終命)입니다. 잘 죽는 복입니다. 하늘이 내려 준 자기의 목숨을 다하고, 고통 없이 죽는 것이 복입니다.

오복의 특징은 눈에 보이고, 객관적이며, 환경적입니다. 철학적인 관점에서 사람들은 복된 환경을 복이라고 합니다. 중국이나 동남아시아에 가면 '복' 자를 거꾸로 써서 붙여 놓은 집도 많습니다. 복이 들어와서 엎드러져 나가지 말라는 것입니다. 정말 사람들은 복을 좋아합니다.

그러나 성경은 복된 환경보다 더 중요한 것이 있다고 말씀합니다. 우리 자신이 복 있는 사람이 되는 것입니다. 예를 들면 복된 사람에게는 어떤 환경도 복이 됩니다. 일이 많으면 열심히 몰두하고, 일이 없으면 기쁘게 쉽니다. 건강하면 충성하고, 고독하면 기도하고, 병들면 성숙해지고, 어떤 환경 속에서도 복된 삶을 살아갑니다. 그러나 그렇지 않은 사람에게는 아무리 좋은 환경이라도 문제가 됩니다. 건강하면 방종하고, 고독하면 잘못된 교제에 빠져듭니다. 병들면 저주라고 생각하고, 부자가 되면 교만해지기도 합니다. 아무리 좋은 환경 속에서도 행복하지 못합니다. 그러므로 복된 환경보다 어떤 환경에서든지 복 있는 사람으로 사는 것이 중요합니다. 복된 환경이 아니라 복된 존재가 되어야 합니다.

복된 존재는 어떤 특징이 있을까요? 하나님의 말씀을 사랑하고 그 말씀에 순종합니다. 하나님은 눈에 보이지 않지만 우리는 하나님과 말씀을 통해서 관계를 맺습니다. 즉, 말씀은 하나님과 우리의 매개입니다. 그러므로 하나님을 사랑하면 그 말씀을 사랑하게 되어 있습니다. 그런데 사랑하면 나타나는 표시가 있습니다. 아버지와 아들이 있다고 합시다. "아빠, 사랑해요"라고 아무리 말해도 사랑의 내용이 없다면 참사랑이 아닙니다. 사랑의 내용은 순종입니다. 아빠의 말씀에 순종해야 사랑하는 것입니다. 말도 안 들으면서 어떻게 사랑합니까? 그것은 입으로만 하는 감정의 발산일 뿐 진정한 사랑이 아닙니다. 사랑하게 되면 윗사람도 아랫사람의 말을 잘 듣습니다. 하물며 아랫사람이 윗사람의 말을 듣지 않겠습니까? 그러니까 하나님을 사랑하고 그 말씀에 순종하는 사람이 의인이고, 진정으로 복 있는 사람입니다.

본문은 '복 있는 사람이 누군가'에 대해 세 종류의 사람으로 말씀합니다. 그들은 성실한 사람, 의로운 사람, 충성된 사람입니다. 또한 성실과 의로움의 관계, 더 나아가서 충성의 상호관계는 무엇인가에 대해 말씀합니다.

성실한 사람

누가 성실한 사람일까요? 성실한 자가 왜 복이 있을까요? 우리는 열심히 일하면 성실하다고 생각합니다. 그런데 '성'(誠)이란 글자는 말씀 '언'(言)+ 이룰 '성'(成)입니다. '자기가 한 말을 이룬다. 자기 말에 책임을 진다'는 의미입니다. 그런데 성에 대해 더 깊이 연구하면, 성실은 이보다 더 깊은 의미를 가지고 있습니다. '성'은 하늘과 관련이 있습니다. "지성이면 감천이다." 이는 지극한 정성(성실)이 하늘을 감동시킨다는 의미를 나타냅니다.

동양에서는 '성'을 '하늘의 뜻을 추구하고, 그것을 삶 속에서 이루어 내려는 것'으로 봅니다. 그러므로 성실이란 하늘이 나에게 맡기신 일에 올바르게 응답하는 것을 말합니다. 서양에서 '영웅'이란, 사명감으로 자기 일을 성실하게 감당하며, 그 결과 사람들에게 감동을 주고 선한 영향력을 행사하는 사람입니다. 그러니까 성실한 사람은 자기가 있는 곳에서 하나님이 주신 사명을 잘 감당하고, 다른 사람들이 올바른 길을 가도록 감동을 주는 사람입니다.

> 정직한 자를 악한 길로 유인하는 자는 스스로 자기 함정에 빠져도 성실한 자는 복을 받느니라 잠 28:10

정직한 자를 악한 길로 유인하는 사람은 성실하지 않은 사람입니다. 성실하지 않은 사람은 자기를 향한 신의 뜻을 모를 뿐더러 알아도 이루지 못합니다. 그 결과 다른 사람에게 좋은 영향을 끼치지 못하고, 오히려 다른 사람을 잘못된 길로 빠지게 합니다. 하지만 성실한 사람은 복을 받습니다. 하나님이 성실하시기 때문입니다. 세상의 이치가 성실이므로 성실하게 살아가는 자는 복을 받게 되어 있습니다. 성실하게 살면서 많은 사람에게 감동을 주고, 더 나아가서 그들을 하나님께로 인도한다면 얼마나 상급이 크겠습니까?

성실의 결과로 부자가 될 수 있습니다. 그럴 때 어떻게 해야 할까요? 착각하지 말아야 합니다("부자는 자기를 지혜롭게 여기나 가난해도 명철한 자는 자기를 살펴 아느니라"11절). 성경에는 부자의 착각 세 가지가 나옵니다. 첫째, 자기가 의롭기 때문에 복을 주셨다고 생각합니다. 둘째, 지혜롭다고 생각합니다. 돈을 버는 방법을 알 뿐인데 자기는 모든 것을 다 안다고 착각합니다. 셋째, 자기의 인격이 훌륭하므로 모든 사람이 자기를 존경해야 한다고 생각합니다. 하지만 자기가 의롭고 지혜롭고 훌륭하기 때문에 부자가 된 것이 아닙니다. 부자가 된 것은 '하나님의 은혜'입니다.

반대로 성실하지만 가난할 수도 있습니다. 그러나 정말로 성실한 사람은 자기를 살핍니다. 왜냐하면 성실한 사람에게는 돈의 많고 적음보다 자기가 있어야 할 자리에서 마땅히 해야 할 일을 하며, 자기 길을 바로 가고 있는 것이 더 중요하기 때문입니다.

의로운 사람

> 의인이 득의하면 큰 영화가 있고 악인이 일어나면 사람이 숨느니라
> 잠 28:12

득의란 권세를 얻는 것을 말합니다. 그런데 의인이 권세를 가지게 되면 백성이 기뻐합니다. 그리고 하나님이 영광을 받습니다. 의인은 하나님께 영광을 돌리고 하나님의 말씀을 기억하는 사람입니다. 때문에 의인이 득세하면 하나님도 영광 받으시고, 백성도 편안해집니다. 하지만 악인이 권세를 가지면 백성이 고통을 당하고 숨

어 버립니다. 모든 권세를 자신을 위해서 사용하기 때문입니다.

어떻게 하면 의로울 수 있을까요? 죄를 짓지 않으면 참 좋을 것입니다. 그러나 누구든지, 아무리 성실한 사람이라도 죄를 짓습니다. 죄를 지었을 때는 죄를 자복하고 버려야 합니다("자기의 죄를 숨기는 자는 형통하지 못하나 죄를 자복하고 버리는 자는 불쌍히 여김을 받으리라" 13절). 그러면 하나님이 불쌍히 여기셔서 용서하시고 새로운 미래를 열어 주십니다. 다시 말해 하나님 앞에서 자기 죄를 자복하면 의인이 되고, 복된 사람이 되는 것입니다.

미국의 고든 맥도널드 목사(Gordon MacDonald)는 아주 인격적이고 유능한 설교자였습니다. 그런데 그의 성적인 죄가 발각되면서, 교계는 엄청난 충격을 받았습니다. 그는 솔직하게 모든 죄를 자백하고 공적인 자리에서 물러났습니다. 그리고 조용히 자숙의 시간을 보냈습니다. 오랜 시간 후에 다시 일하게 되었을 때 사람들이 물었습니다. "그때 그런 부끄러운 사건이 드러나지 않았다면 얼마나 좋았을까요?" 그러자 목사님은 대답했습니다. "아닙니다. 발각되지 않았다면 나는 그 죄 가운데 머물러 있었을 것이고, 내 영혼은 완전히 파괴되었을 것입니다. 하나님이 나를 사랑해서 그 부끄러움을 경험하게 하셨습니다. 수치를 당하면서 내 영혼은 거듭났습니다. 그 사건은 나에게 엄청난 축복이었습니다. 나 자신으로 돌아왔고, 하나님 앞에 진실을 회복했으며, 그 사랑에 감격해서 더욱 충성하게 되었습니다."

사람들은 죄를 숨기면 된다고 생각하지만 그것은 해결책이 아닙니다. 숨김은 죄를 인정하지 않고, 합리화하고, 정당화하고, 다른 사람 책임으로 돌리는 것을 말합니다. 숨기는 사람은 형통할 수가 없습니다. 죄는 숨긴다고 없어지는 것이 아닙니다. 그 죄가 점점 우리 영혼을 좀먹습니다. 그러므로 죄는 드러나야 하고, 다 밝혀져야 합니다. 그리고 아파하면서 회개해야 합니다. 그래야만 용서받을 수 있기 때문입니다. 결국 의인은 여호와를 항상 경외하는 복된 사람입니다("항상 경외하는 자는 복되거니와 마음을 완악하게 하는 자는 재앙에 빠지리라" 14절).

여호와를 경외하는 사람은 가난한 사람을 압제하지 않습니다("가난한 백성을 압제하는 악한 관원은 부르짖는 사자와 주린 곰 같으니라" 15절). 그는 탐욕을 미워합니다("무지한 치리자는 포학을 크게 행하거니와 탐욕을 미워하는 자는 장수하리라" 16절). 탐욕에 붙들리면 수명도, 권력도 오래 유지할 수 없습니다. 그러므로 하나님 앞에서 탐욕을 버려야 합니다. 하지만 탐욕을 버리지 않고 계속 그 길로 가면 어떻게 될까요? 그런 사람이 함정으로 달려갈 것을 막지 말라 하십니다("사람의 피를 흘린 자는 함정으로 달려갈 것이니 그를 막지 말지니라" 17절). 그의 마지막을 하나님이 반드시 심판하십니다.

결국 하나님이 원하시는 길은 성실하게 행하는 것입니다("성실하게 행하는 자는 구원을 받을 것이나 굽은 길로 행하는 자는 곧 넘어지리라" 18절). 성실한 사람은 이 세상의 삶에서도 하나님의 구원을 보게 될 것이고, 영원한 삶에서도 하나님의 구원을 보게 될 것입니다. 또한 물질도 풍요해질 것입니다("자기의 토지를 경작하는 자는 먹을 것이 많으려니와 방탕을 따르는 자는 궁핍함이 많으리라" 19절). 그러나 방탕하면 궁핍하게 됩니다. 방탕이란 자기 토지를 경작하는 것과 반대입니다. 맡겨진 일을 성실하게 하지 않고, 헛된 망상에 사로잡혀 있는 사람, 일확천금을 꿈꾸는 사람은 결국 궁핍해집니다.

사람들은 일하지 않고 큰돈이 생기는 것을 복이라고 합니다. 그러나 하나님은 '네 손이 수고한 대로 먹는 것이 복이고 형통'이라고 말씀합니다.

> 여호와를 경외하며 그의 길을 걷는 자마다 복이 있도다 네가 네 손이 수고한 대로 먹을 것이라 네가 복되고 형통하리로다 시 128:1-2

그러므로 수고하지 않고 바라는 것은 방탕한 것입니다. 수고한 대로 먹는 것이 복입니다.

충성된 사람

> 충성된 자는 복이 많아도 속히 부하고자 하는 자는 형벌을 면하지 못하리라 잠 28:20

충성된 사람은 속히 부하고자 하는 사람이 아닙니다. 충성된 사람은 복이 많다고 강조합니다. 반대로 속히 부하고자 하는 자는 형벌을 면하지 못합니다.

사람들은 왜 속히 부자가 되려 할까요? 사람들은 돈이면 다 된다고 생각합니다. 부하게 되는 것이 그들의 목표가 되었습니다. 이미 재물이 하나님이 된 것입니다. 그런데 성실하게 버는 것도 아니어서 빨리 부자가 되고 싶어 합니다. 이것을 복이라고 생각합니다. 그러나 하나님은 그렇게 말씀하시지 않습니다.

> 그러나 자족하는 마음이 있으면 경건은 큰 이익이 되느니라 우리가 세상에 아무것도 가지고 온 것이 없으매 또한 아무것도 가지고 가지 못하리니 우리가 먹을 것과 입을 것이 있은즉 족한 줄로 알 것이니라 부하려 하는 자들은 시험과 올무와 여러 가지 어리석고 해로운 욕심에 떨어지나니 곧 사람으로 파멸과 멸망에 빠지게 하는 것이라 돈을 사랑함이 일만 악의 뿌리가 되나니 이것을 탐내는 자들은 미혹을 받아 믿음에서 떠나 많은 근심으로써 자기를 찔렀도다 딤전 6:6-10

우리는 세상에 아무것도 가지고 오지 않았고, 세상을 떠날 때 아무것도 가지고 갈 수 없습니다. 자족하는 마음이 필요합니다. 그런데 사람들은 부하게 살고자 합니다. 하지만 속히 부하길 원하면 죄에 빠지기 쉽습니다.

충성된 사람은 돈을 섬기지 않고 하나님만 섬기는 사람입니다. 세상으로 기울어지는 마음을 내려놓고 하나님께 소망을 두고 살아가는 사람입니다. 우리는 열심히 일하지만 결과는 하나님의 손에 있습니다. 풍성히 주시면 좋고, 아니어도 괜찮습니다. 돈이 아니라 하나님을 사랑하고, 의지하고, 바라보며 살기 때문입니다. "하나님만이 나의 복이다." 이것만 확실하게 믿고 산다면 어떤 상황에서도 두렵지 않을 수 있습니다. 하나님을 믿고 신뢰하고 의지하는 것만이 진정한 능력이고 복입니다. 세상의 부귀가 아니라 그 마음이 하늘에 있는 자, 하나님 나라를 소망하는 자, 하나님만 의지하는 자가 충성되고 복이 많은 사람입니다.

성실은 하나님의 뜻을 알고 실천하는 것입니다. 그것을 통해 사람들을 격려하고 바른길로 인도합니다. 물론 성실하게 살아가려고 하지만 그런 가운데서 죄를 범하기도 합니다. 그럴 때는 자복해야 합니다. 죄를 숨기면 형통하지 못합니다. 하나님을 경외하며 탐욕을 내려놓아야 합니다. 하나님을 경외하면 의로워집니다. 충성은 부하려는 마음을 내려놓고 "하나님만이 나의 모든 것입니다. 내가 의지할 것은 돈이 아니라 하나님입니다" 고백하며 살아가는 것입니다. 이 땅의 부귀가 아니라 하늘에 소망을 두고 성실히 살아가는 사람이 충성된 사람입니다.

이 시대는 성실을 비웃고, 의로움을 조롱하고, 충성을 배신합니다. 그러나 이런 세상 속에서 하나님을 바라보며 꿋꿋이 살아가야 합니다. 세상 사람들에게 "당신은 복도 많다"는 소리를 듣는 것이 아니라, 만복의 근원이신 하나님이 "너는 복된 사람이구나!" 칭찬하시는 삶을 살아야 합니다.

함께 이야기하기

1 어떤 사람들이 복 있는 사람일까요?

2 성공 가도를 달리던 중에 잘못된 일에 빠지거나 실수를 했을 때, 우리는 어떻게 행동해야 할까요?

3 하나님이 우리에게 원하시는 충성의 모습은 무엇인가요?

함께
기도하기

살아 계신 하나님!
세상은 복을 원합니다만
진정한 복이 무엇인지 모르는 사람들이 너무나 많습니다.
복된 환경이 아니라 복된 사람이 되게 하소서.
성실한 사람, 의로운 사람,
그리고 충성된 사람이 되게 하소서.
만복의 근원이신 하나님이 인정하시는
복된 삶을 누리게 하소서.

잠 29:1-14

1 자주 책망을 받으면서도 목이 곧은 사람은 갑자기 패망을 당하고 피하지 못하리라
2 의인이 많아지면 백성이 즐거워하고 악인이 권세를 잡으면 백성이 탄식하느니라
3 지혜를 사모하는 자는 아비를 즐겁게 하여도 창기와 사귀는 자는 재물을 잃느니라
4 왕은 정의로 나라를 견고하게 하나 뇌물을 억지로 내게 하는 자는 나라를 멸망시키느니라
5 이웃에게 아첨하는 것은 그의 발 앞에 그물을 치는 것이니라
6 악인이 범죄하는 것은 스스로 올무가 되게 하는 것이나 의인은 노래하고 기뻐하느니라
7 의인은 가난한 자의 사정을 알아주나 악인은 알아줄 지식이 없느니라
8 거만한 자는 성읍을 요란하게 하여도 슬기로운 자는 노를 그치게 하느니라
9 지혜로운 자와 미련한 자가 다투면 지혜로운 자가 노하든지 웃든지 그 다툼은 그침이 없느니라
10 피 흘리기를 좋아하는 자는 온전한 자를 미워하고 정직한 자의 생명을 찾느니라
11 어리석은 자는 자기의 노를 다 드러내어도 지혜로운 자는 그것을 억제하느니라
12 관원이 거짓말을 들으면 그의 하인들은 다 악하게 되느니라
13 가난한 자와 포학한 자가 섞여 살거니와 여호와께서는 그 모두의 눈에 빛을 주시느니라
14 왕이 가난한 자를 성실히 신원하면 그의 왕위가 영원히 견고하리라

16

어떤 지도자가 되어야 합니까?

지도자와 지도력

리더십 전문가인 탐 마샬(Tom Marshall)은 "오늘날 세계의 문제는 리더십의 문제다"라고 말했습니다. 우리는 요즘 지도자 한 사람의 역할이 얼마나 큰가를 배워 가고 있습니다.

'어떤 지도자가 필요한가?'

'어떤 지도자가 되어야 하는가?'

이것은 우리 모두의 중요한 관심사입니다. 지도자와 지도력에 대한 세 가지 명제가 있습니다.

첫째, 좋은 지도자는 효율성과 윤리성을 함께 갖추어야 합니다. 효율성(effectiveness)이란 자기 일에 대한 전문성을 의미합니다. 그 분야에 대하여 탁월한 능력이 있어야 합니다. 윤리성은 인격(character)을 말합니다. 도덕적이어야 한다는 것입니다. 대표적인 예가 "히틀러는 좋은 지도자인가?"라는 질문입니다. 효율성에서는 최고의 지도자일지 모르지만, 윤리성에서는 빵점입니다. 히틀러 같은 사람이

지도자가 되면 세상은 비극일 것입니다. 좋은 지도자는 효율성과 윤리성을 겸비해야 합니다.

둘째, 그렇다면 지도력의 목적은 무엇일까요? 권력을 쟁취하는 것 자체가 지도력이 아닙니다. '권력을 가지고 무엇을 할 것인가'란 비전이 분명해야 합니다. 어떤 소수의 이익, 즉 이기심을 넘어서 모두를 위한 공공선(Common good)이라는 더 높은 가치를 추구해야 합니다. 원래 권력은 지도자 개인의 것이 아니라 국민이 부여하는 것입니다. 국민에게 비전을 제시하고, 국민의 동의를 얻은 그 일을 하기 위해 권력이 필요한 것입니다. 그러므로 권력의 목적이 확실해야 하고, 그 집행과정이 투명해야 합니다.

셋째, 국정 과제를 혼자서는 이룰 수 없습니다. 그러므로 지도자는 자기의 한계를 인정해야 합니다. 내가 만능일 수는 없으므로 일을 나누어야 합니다. 권력의 분배와 위임이 필요합니다. 그리고 국민과의 소통에 귀를 기울여야 합니다.

그렇다면 좋은 지도자가 되기 위해 필요한 것은 무엇일까요?

듣는 지도자

> 자주 책망을 받으면서도 목이 곧은 사람은 갑자기 패망을 당하고 피하지 못하리라 잠 29:1

지도자는 잘 들어야 합니다. 하나님의 뜻을 이 땅에 펼치는 것이 왕의 일입니다. 그러나 왕이라도 완전하진 않습니다. 왕이 잘못했을 땐 하나님이 선지자를 보내 책망하셨습니다.

"하나님의 말씀을 따라 백성을 다스려야 합니다. 왕이 이런 잘못을 하고 계십니다."

이렇게 말해 주는 사람이 선지자입니다. 그래서 왕과 선지자는 언제나 함께 갑니다.

북이스라엘 왕들에게도 많은 선지자가 보내졌습니다. 그런데 이 왕들은 수많은 책망을 받았지만 목이 곧아서 듣지 않았습니다. '목이 곧다'는 '멍에를 메야 하는 소가 메지 않으려고 하는 것'을 의미합니다. 책망을 들었으면 인정하고 고쳐야 하는데, "나는 그렇게 하지 않겠다, 못하겠다"라고 거부하는 것입니다.

하나님은 우리도 책망하십니다. 그런데 책망은 나를 향한 사랑입니다. 사랑하기 때문에 고치라고 기회를 주는 것입니다. 하나님의 책망은 은혜입니다. 그래서 책망을 받으면 감사해야 합니다.

예전에 어느 모임에서 성경공부를 인도할 때였습니다. 아침에 맨 앞에 앉아서 열심히 듣는 대표님이 있었습니다. 머리카락이 하얗게 센 분이 말씀을 들으면서 고개를 끄덕끄덕하는 모습이 참 인상적이었습니다. 어느 날 식사를 하면서 물었습니다.

"피곤하지 않으세요?"

"혼나는 재미로 옵니다."

"네? 혼나다니요?"

그 말을 듣고 나니, '혹시 내가 말을 잘못했나? 혹시 표현을 너무

강하게 해서 마음이 상했나' 이런 생각이 들었습니다. 그런데 그 대표님이 이렇게 답했습니다.

"저는 시장에서 장사하는 사람입니다. 들은 말씀을 다 지키지는 못해도, 이렇게 혼나고 가야 정신을 차리고 그나마 몸부림칠 수 있습니다. 내 영혼이 말씀 앞에서 혼나지 않으면 금방 세상 사람이 되고 맙니다."

어디 가서 우리가 책망을 들을까요? 누가 내 영혼을 향해 정확하게 책망하겠습니까? 하나님의 집에서 하나님의 말씀을 들어야 합니다. 세상은 내 귀에 듣기 좋은 소리를 하지만 교회에서는 하나님이 나를 책망합니다. 하나님의 집에서 책망을 받는 것은 사실 즐거운 일입니다. 물론 위로와 사랑의 말씀이 많지만 때로 사랑의 책망을 듣더라도 '하나님이 내게 다시 기회를 주시는구나, 아멘!' 하고 수용할 수 있어야 합니다.

그런데 책망을 받고도 목이 곧으면 어떻게 될까요? 갑자기 패망합니다. 피할 수 없습니다. 그런데 잘 생각해 보십시오. 갑자기 망하는 것일까요? 그렇지 않습니다. 이미 책망을 통해 경고하고 고칠 기회를 많이 주었는데 그것을 다 거부했기 때문에 갑자기 패망하는 것처럼 느끼는 것입니다. 우리 몸도 병들기 전에 수천 번의 사인이 있습니다. '이러다가 내가 병나지. 너무 무리야. 피곤하고 힘들어'라는 생각을 수없이 합니다. 사람은 아주 미련해서 '그래도 괜찮네'라고 무시하며 몸이 말하는 책망을 듣지 않습니다. 그러다가 덜컥 병이 납니다.

위로부터 오는 하나님의 책망도 있지만 지도자에게는 국민의 갈망과 외침도 있습니다. 그 소리에 귀를 기울여야 합니다. 권력은 국민에게 있기 때문입니다. 그러나 "너희들이 아무리 떠들어 봐라. 나는 끄떡도 안 한다"는 식이면 갑자기 패망할 것입니다.

이렇게 책망을 듣고도 목이 곧은 사람, 다시 말하면 악인이 권세를 잡았을 때, 그 백성은 어떤 마음일까요? 백성이 탄식합니다("의인이 많아지면 백성이 즐거워하고 악인이 권세를 잡으면 백성이 탄식하느니라" 2절). 관계의 기초는 '의'인데, 악인은 의를 추구하지 않습니다. 그래서 악인이 다스리는 곳에서는 백성이 탄식합니다.

지도자의 리더십은 겸손한 마음으로 주변에 있는 사람들을 살펴보면 알 수 있습니다. "나는 잘하고 있어!"라고 말한다고 되는 것이 아닙니다. 대통령의 리더십은 우리 국민이 행복한지, 아니면 탄식하고 있는지를 살펴보면 됩니다. 좋은 남편인지 알려면 아내의 얼굴을 살펴보면 됩니다. 좋은 부모인지 알고 싶다면, 자녀의 얼굴을 살피면 되는 것입니다.

잘못된 지도자가 백성과 소통하지 않는다면 그는 누구와 소통할까요? 멀리해야 할 사람들과 소통합니다("지혜를 사모하는 자는 아비를 즐겁게 하여도 창기와 사귀는 자는 재물을 잃느니라" 3절). 그에게도 주변에 사람들이 있습니다. 그런데 선량한 백성이 아니라 "창기"들입니다. 이스라엘에서 창녀는 믿을 수 없는 사람, 가까이해서는 안 될 사람입니다. 타락한 사람들과 사귀는 지도자는 결국 신앙도, 명예와 재물도, 백성과 나라도 잃게 됩니다.

정의를 추구하는 지도자

> 왕은 정의로 나라를 견고하게 하나 뇌물을 억지로 내게 하는 자는 나라를 멸망시키느니라 잠 29:4

왕은 정의로 나라를 견고하게 합니다. '정의'란 무엇일까요? 일반적으로 정의의 여신인 디케(Dike)를 생각하면 됩니다. 그리스 신화에 나오는 정의의 여신 디케는 서서 눈을 가린 채, 한 손에는 저울을 들고, 다른 손에는 칼을 들었습니다. 저울로는 죄의 무게를 정확하게 달고, 칼로는 단호하게 죄를 처단한다는 뜻입니다. 눈은 왜 가렸을까요? 지위 고하를 막론하고 누구에게나 차별 없이 법을 적용하겠다는 것입니다. 이것이 정의입니다.

그런데 정의는커녕 오히려 뇌물을 요구한다면, 그리고 불의한 짓을 강요한다면 멸망으로 가는 것입니다. 우리나라가 쇠락할 때 얼마나 많은 매관매직이 성행했고, 관리들은 얼마나 백성을 힘들게 했습니까? 돈을 주고 관리로 임명되어 내려가는 행렬과 그 자리를 떠나 돌아오는 행렬이 길에서 만나는 일이 흔했다고 합니다. 이런 죄를 짓고 잘 살았을까요? 당장은 자기에게 유익이 있었습니다. 그러나 결국 그들의 '올무'가 되었습니다("악인이 범죄하는 것은 스스로 올무가 되게 하는 것이나 의인은 노래하고 기뻐하느니라" 6절). 올무란 사냥할 때 새나 짐승을 잡기 위해 쳐 놓은 덫이나 그물을 말합니다. 자기 죄의 덫에 걸려서 망하는 것을 의미합니다.

높은 자리에 있을 때, 권력을 가지고 있을 때, 힘이 있을 때 어려운 사람들을 도우면 참 좋을 텐데 그것이 쉽지 않습니다("의인은 가난한 자의 사정을 알아주나 악인은 알아줄 지식이 없느니라" 7절). 하나님의 말씀에 붙들려 있으면 알아줄 능력이 생깁니다. 그러나 죄에 붙들리면 가난한 자의 사정을 알아줄 능력이 사라집니다. 마음 깊은 곳에서 자기 일처럼 느끼지 못하고 영적인 감각, 공감 능력이 없어집니다. 그래서 마음으로 함께할 수가 없습니다. 마음이 어두워지고, 자기 이익에만 눈이 열립니다. 자기 욕심에 빠진 악인에게는 상대의 고통이 보이지 않습니다.

그러면서도 그는 잘하고 있다고 생각해 거만합니다. 거만한 사람이 다스릴 때 성읍이 요란해집니다("거만한 자는 성읍을 요란하게 하여도 슬기로운 자는 노를 그치게 하느니라" 8절). 나라가 시끄럽고 어수선해집니다. 성읍이 요란할 때 그 소란을 가라앉혀야 하는데, 악한 지도자는 오히려 온전한 자들을 미워합니다("피 흘리기를 좋아하는 자는 온전한 자를 미워하고 정직한 자의 생명을 찾느니라" 10절). 그래서 피를 흘리게 합니다. 왜냐하면 자기들의 잘못을 지적하기 때문입니다.

그러면서 악한 지도자는 아랫사람들에게 좋지 않은 영향을 줍니다("관원이 거짓말을 들으면 그의 하인들은 다 악하게 되느니라" 12절). 왕이 거짓말에 귀를 기울이면 그 아랫사람들도 악하게 되는 것입니다. 통치자의 말과 행동과 가치가 영향을 미치기 때문입니다. 거짓된 왕이 통치하면 그 거짓이 그대로 신하들에게도 퍼져 나가서 결국 나라가 곤란해집니다. "윗물이 맑아야 아랫물도 맑다"라는 말이 있습니다. 윗사람이 부정을 저지르면 그다음은 말릴 수가 없습니다. 엄정하게 단속하라고 말은 할 수 있습니다만 실행이 불가능합니다. 그러나 정의로운 왕이 다스리면 신하들도 정의로워집니다.

돌보는 지도자

> 가난한 자와 포학한 자가 섞여 살거니와 여호와께서는 그 모두의 눈에 빛을 주시느니라 잠 29:13

세상에는 가난한 자와 포악한 자, 다시 말하면 갑과 을이 있습니다. 지배층과 피지배층, 두 종류의 사람들이 공존합니다. 사람들이 보기에는 큰 차이가 있습니다. 그러나 하나님은 그들 모두의 눈에 빛을 주셨습니다. 생명을 주시고, 눈동자같이 아끼십니다. 하나님은 공평한 분입니다. 하나님은 부자라고 더 높게 보지 않고, 가난하다고 무시하지도 않으십니다. 오히려 가난한 자를 압제하면 하나님이 심판하십니다.

> 왕이 가난한 자를 성실히 신원하면 그의 왕위가 영원히 견고하리라 잠 29:14

왕에게는 가난한 사람들을 돌보는 중요한 임무가 있습니다. 소외되고 힘없는 자를 돌보는 책임이 있습니다. 그러므로 좋은 왕은 가난한 자의 호소에 성실하게 귀를 기울여야 합니다. 그러나 이 말은 가난한 자를 편애하라는 뜻이 아닙니다. 왕에게는 백성이 있고, 백성 중에는 부자도 가난한 자도 있습니다. 왕은 그 모든 사람들을 보호하고 지켜야지 가난한 자들만, 혹은 부자들만 편애하면 안 됩니다. 왕은 모든 백성을 똑같이 사랑해야 합니다.

> 너희의 하나님 여호와는 신 가운데 신이시며 주 가운데 주시요 크고 능하시며 두려우신 하나님이시라 사람을 외모로 보지 아니하시며 뇌물을 받지 아니하시고 고아와 과부를 위하여 정의를 행하시며 나그네를 사랑하여 그에게 떡과 옷을 주시나니 신 10:17-18

하나님은 공평하시고 어떤 일에도 흔들림이 없으십니다. 연약한 자를 돌보고 사랑하십니다. 오늘 우리도 하나님의 자비와 긍휼 가운데 살고 있습니다. 좋은 지도자는 바로 이런 하나님을 섬기며, 하나님의 모습을 따라 행동하는 사람입니다.

함께
이야기하기

1 좋은 지도자가 갖추어야 할 세 가지 덕목은 무엇일까요?

2 만약 내가 지도자가 된다면, 나에게 가장 필요한 덕목은 무엇일까요?

3 자신이 좋은 지도자라는 것을 어떻게 알 수 있을까요? 가정을 예를 들어 나눠 봅시다.

함께 기도하기

우리를 지도자로 세우시는 하나님!
하나님의 말씀을 듣고,
정의롭게 행동하게 하소서.
책망받을 때 그 소리를 듣게 하시고,
하나님께서 허락하신 사람들을 돌보게 하소서.
하나님을 섬기며,
하나님의 모습을 따라 행동하게 하소서.

잠 29:15-27

15 채찍과 꾸지람이 지혜를 주거늘 임의로 행하게 버려 둔 자식은 어미를 욕되게 하느니라
16 악인이 많아지면 죄도 많아지나니 의인은 그들의 망함을 보리라
17 네 자식을 징계하라 그리하면 그가 너를 평안하게 하겠고 또 네 마음에 기쁨을 주리라
18 묵시가 없으면 백성이 방자히 행하거니와 율법을 지키는 자는 복이 있느니라
19 종은 말로만 하면 고치지 아니하나니 이는 그가 알고도 따르지 아니함이니라
20 네가 말이 조급한 사람을 보느냐 그보다 미련한 자에게 오히려 희망이 있느니라
21 종을 어렸을 때부터 곱게 양육하면 그가 나중에는 자식인 체 하리라
22 노하는 자는 다툼을 일으키고 성내는 자는 범죄함이 많으니라
23 사람이 교만하면 낮아지게 되겠고 마음이 겸손하면 영예를 얻으리라
24 도둑과 짝하는 자는 자기의 영혼을 미워하는 자라 그는 저주를 들어도 진술하지 아니하느니라
25 사람을 두려워하면 올무에 걸리게 되거니와 여호와를 의지하는 자는 안전하리라
26 주권자에게 은혜를 구하는 자가 많으나 사람의 일의 작정은 여호와께로 말미암느니라
27 불의한 자는 의인에게 미움을 받고 바르게 행하는 자는 악인에게 미움을 받느니라

17

묵시가
필요할 때

묵시란 무엇인가?

사도 바울은 이방인의 사도가 되어 복음을 전하면서 건강 때문에 많은 고생을 했습니다. 견디다 못해 그는 기도했습니다. "하나님! 복음을 방해하는 핍박도 많은데, 건강까지 좋지 못하니 너무 힘이 듭니다. '자기 병도 못 고치면서 무슨 전도냐?'고 비난하는 사람들도 많습니다. 그러니 제발 저의 연약함을 고쳐 주십시오." 바울은 건강을 달라고 세 번이나 기도했습니다. 40일 기도를 세 번 했다는 뜻입니다. 그런데 하나님은 이렇게 답해 주셨습니다.

> 나에게 이르시기를 내 은혜가 네게 족하도다 이는 내 능력이 약한 데서 온전하여짐이라 고후 12:9상

사도 바울은 그 음성을 듣고 생각을 바꿨습니다. '내 몸이 연약한 것은 하나님이 나를 사랑하지 않아서가 아니고, 하나님의 능력

이 나와 함께 머물게 하려는 것이구나. 내가 약하면 기도하겠지, 하나님만 붙들고 의지하겠지' 하면서 하나님의 능력에 붙들려 살라고 주신 선물로 받아들입니다. 하나님의 말씀 한마디가 그의 생각을 완전히 바꾸었습니다. 그래서 이렇게 고백했습니다.

> 그러므로 도리어 크게 기뻐함으로 나의 여러 약한 것들에 대하여 자랑하리니 이는 그리스도의 능력이 내게 머물게 하려 함이라 고후 12:9하

묵시(默示)란 계시의 옛날 말로, '하나님의 말씀에 대한 별명'이기도 합니다. 그런데 묵시가 없으면 사람은 방자해집니다("묵시가 없으면 백성이 방자히 행하거니와 율법을 지키는 자는 복이 있느니라" 18절). '방자하다'는 "제멋대로 한다. 까불며 추태를 부린다. 갈 길을 잃어버린다"는 말입니다. "묵시가 없으면 방자해진다"는 말을 쉽게 고치면 "하나님의 말씀이 없으면 제멋대로 살면서 길을 잃게 된다"가 됩니다. 하나님의 말씀이 없으면 결코 바른길로 갈 수가 없다는 것입니다. 그래서 예수님은 "사람이 떡으로만 살 것이 아니요 하나님의 입으로부터 나오는 모든 말씀으로 살 것이라"(마 4:4)고 말씀하셨습니다. 그 말씀을 하실 때가 40일 금식을 마치고 가장 배고팠을 때, 길가의 돌이 떡으로 보일 정도가 되었을 때였습니다. 그런데 그런 순간에도 사람은 떡으로 사는 것이 아니라 하나님의 말씀으로 사는 것이라고 선포하셨습니다. 하나님의 말씀이 사람에게 얼마나 필요한지를 선포하셨습니다.

묵시가 필요한 이유

하나님은 우리를 어떻게 다스리실까요? 부모가 자녀를 가르치는 것과 같습니다.

> 채찍과 꾸지람이 지혜를 주거늘 임의로 행하게 버려 둔 자식은 어미를 욕되게 하느니라 잠 29:15

채찍과 꾸지람이 지혜를 줍니다. 이 말은 자녀들을 때리라거나 폭력을 합리화하라는 말이 아닙니다. 미성숙한 자녀들이 자기 멋대로 행하도록 내버려 두지 말라는 것입니다. 관심을 가지고 자녀교육을 해야 합니다. 자녀교육의 중요성을 강조하는 말씀입니다.

> 네 자식을 징계하라 그리하면 그가 너를 평안하게 하겠고 또 네 마음에 기쁨을 주리라 잠 29:17

부모의 기쁨은 자녀가 잘되는 것입니다. 자녀가 잘되기 위해서는 가르쳐야 합니다. 하나님의 말씀을 가르치고, 부모가 경험한 하나님을 알려 주어야 합니다. 행복하기 위해 하나님의 말씀을 듣고 순종하라는 것입니다("내가 오늘 네 행복을 위하여 네게 명하는 여호와의 명령과 규례를 지킬 것이 아니냐" 신 10:13).

부모가 자녀를 사랑해서 성실하게 가르치고 올바른 길로 인도하듯이, 하나님도 그 백성을 멋대로 내버려 두지 않고 가르치십니다.

그들의 행복을 위해서 때로는 잘못된 길로 갈 때 채찍과 꾸지람을 통해 지혜를 주십니다. 이 말은 하나님이 항상 우리를 혼내고 꾸짖으신다는 의미가 아닙니다. 올바른 길로 잘 가도록, 혼란에 빠지거나 헤매지 않도록 우리를 인도하신다는 말입니다.

악인이 많아지면 죄도 많아지나니 의인은 그들의 망함을 보리라 잠 29:16

하나님을 무시하고 자기 마음대로 사는 악인은 결국 망하는 길로 갑니다. 우리가 하나님의 백성으로서 복을 누리려면 하나님의 말씀을 들어야 합니다. 그러나 하나님의 말씀을 듣지 않고 제멋대로 살면 자녀로서 누릴 수 있는 복을 빼앗기게 됩니다. 그래서 하나님은 우리에게 묵시를 주십니다. 묵시가 없으면 어디로 갈지도 모르고 무엇을 할지도 모르게 됩니다.

솔로몬은 왕이 되었을 때 큰 부담을 느꼈습니다. 어떻게 해야 할지 몰랐습니다. 그래서 일천번제를 드렸습니다. 그때 하나님이 말씀하셨습니다. "너에게 무엇을 줄까?" 솔로몬이 말했습니다. "지혜를 주십시오." 하나님은 기뻐하면서 지혜를 주겠다고 응답하셨습니다. 그 말을 듣고 그는 안심했으며, 묵시를 받고 담대하게 정치를 해 나갔습니다. 하나님의 말씀 한마디가 우리의 갈 길을 인도합니다.

그런데 세상은 하나님의 말씀을 마음에 두지 않고, 자기 생각대로 살아갑니다. 제멋대로 살아가는 것을 고급스럽게 포장한 용어가

'인본주의'입니다. 인간이 중심이 된 세상의 모습을 나타냅니다. 세상은 하나님의 말씀, 묵시에는 전혀 관심이 없고 자기의 소견에 옳은 대로 살아갑니다. 그러다 보면 절대기준이 없어집니다. 내가 옳다면 옳은 것이고, 아니라면 아닌 것입니다. '내가 좋다는데 왜 죄라고 하느냐?' 이렇게 말합니다. 죄를 죄라고 말하지 않는 시대가 되어 갑니다. 이것이 묵시를 잃은 이 세상의 모습입니다.

세상은 그렇다 치고 우리는 어떻게 살아갈까요? 우리 성도들은 묵시를 받고 있을까요? 듣지만 내 마음에 두지 않으면 묵시가 없는 것입니다. 그러면 방자하게 살아가게 됩니다. 예수를 믿으면서도 자기 마음대로 살아가는 사람들이 많습니다. 교회도 하나님을 따르지 않으면 방자하게 될 수 있습니다. 성도들도 말씀을 마음에 두지 않으면 방자해집니다. 말씀을 듣지 않으면, 그 말씀에 순종하지 않으면 방자해지는 것입니다.

여기서 우리는 묵시와 인간의 관계를 알아야 합니다. 인간은 세 부분으로 구성되어 있습니다. 몸과 혼과 영입니다. 몸은 눈에 보이는 육신을 말합니다. 혼은 우리의 지성과 감정, 의지를 주관하는 부분입니다. 영은 하나님과 관계를 맺는 가장 깊은 우리의 자아입니다.

혼이 몸을 다스립니다. 이성이 우리의 육체를 통제합니다. 영이 이성을 다스립니다. 하나님의 말씀은 영을 다스립니다.

하나님의 말씀과 내 영혼은 '전기와 전등의 관계'인 것입니다. 전등이 빛나려면 전기가 통해야 합니다. 마찬가지로 우리의 영이 하나님의 말씀을 들어야 영혼이 살고, 밝게 빛납니다. 그러나 계시의 말씀이 없으면 영혼이 병들고 이상이 생깁니다. 그렇게 되면 생각이 병들고, 이것이 몸과 행동으로 나타납니다. 그러므로 하나님은 말씀을 통해 우리를 가르치고 돌보고 인도하십니다.

묵시를 받는 자세

우리는 어떤 자세로 묵시를 받아야 할까요? 첫째, 자녀처럼 받아야 합니다("좋은 말로만 하면 고치지 아니하나니 이는 그가 알고도 따르지 아니함이니라" 19절). 사실 우리는 묵시를 종처럼 받을 수도 있습니다. 종은 어떻게 묵시를 받을까요? 종은 알면서도 잘 따르지 않습니다. 주인이 보면 열심히 일하는 척하고, 보지 않으면 하지 않습니다. 그 명령이 나를 위한 것이 아니기 때문입니다. 주인을 위한 것이고, 나에게 오는 이익은 없기 때문입니다. 그렇기에 종은 자원하는 마음으로 일하지 않습니다. 결국 우리는 자녀처럼 받아야 합니다. 아버지가 나를 위해서 사랑으로 말하면 결국 나에게 유익합니다. 이런 자세로 말씀을 받아야 합니다.

둘째, 끊지 말고 들어야 합니다("네가 말이 조급한 사람을 보느냐 그보다 미련한 자에게 오히려 희망이 있느니라" 20절). 말이 조급한 사람이란 말을 많이 하는 사람입니다. 속히 대답하는 사람, 남이 하는 말을 듣지 않고 중간에 끊는 사람을 말합니다. 듣는 것이 지혜인데, 듣지 않고 조급하게 말하는 사람은 어리석은 자입니다. 미련한 사람이 말이 조급한 사람보다 낫다고 합니다. 그러므로 들어야 합니다. 묵시를 받을 때도 끊지 말고, 다 들어야 합니다.

셋째, 감사한 마음으로 받아야 합니다("종을 어렸을 때부터 곱게 양육하면 그가 나중에는 자식인 체하리라" 21절). 종의 응석을 받아 주면 나중에는 자식인 것처럼 착각합니다. 그래서 자기의 위치와 한계를 지켜야 합니다. "주인께서 종인 나를 이렇게 사랑하시고, 귀히 여겨 주시고, 잘 대해 주신다. 감사하다. 더욱 열심히 해야지" 하는 자세가 필요하다는 것입니다. 반면 사람은 왜 분노하고 성을 낼까요? 나를 알아주지 않는다고 화를 내고 다툼을 일으키는 것은 교만입니다("노하는 자는 다툼을 일으키고 성내는 자는 범죄함이 많으니라" 22절). 결국 교만은 자기를 높이려는 마음에서 오는 것입니다.

그러므로 겸손해야 합니다("사람이 교만하면 낮아지게 되겠고 마음이 겸손하면 영예를 얻으리라" 23절). 겸손은 바로 언어로 나타납니다. 말이란 마음의 상태를 드러내며 더 나아가서 그 사람의 영혼을 비추는 거울입니다. 조용히 말하고, 천천히, 부드럽게 말해야 합니다. 겸손한 사람은 언어가 신중합니다. 말이 조급하다는 것은 영적으로 경박하고 교만하다는 표시입니다. 그러므로 말을 통해 자기 영혼을 점검하라는 것입니다. 하나님의 말씀을 자녀의 마음으로 감사와 겸손으로 받아야 합니다. 겸손하면 하나님께서 그 사람을 높여 주십니다.

묵시를 따를 때

묵시를 따라갈 때 어떤 일들이 일어날까요?

사람을 두려워하면 올무에 걸리게 되거니와 여호와를 의지하는 자는

> 안전하리라 잠 29:25

사람을 두려워하면 올무에 걸립니다. 이 사람의 눈치를 보고, 저 사람의 반응을 봅니다. 그 사람들이 힘을 가지고 있다고 믿기 때문입니다. 그래서 잘 보이고 싶고 칭찬을 받으려고 합니다. 그런데 모두에게 칭찬을 받으려면 아무것도 하지 못합니다. 이것이 걸리고, 저것이 걸립니다. 결국 올무에 걸리게 됩니다.

그러면 어떻게 해야 할까요? 하나님의 눈치를 봐야 합니다. 하나님이 옳다고 하시는 것, 하나님의 뜻이라고 믿는 것을 해야 합니다. 그렇게 하면 안전하게 됩니다. 결국에는 하나님을 바라보고 한 것이 가장 안전한 길입니다. 그러므로 사람을 바라보며 가지 말고, 하나님을 바라보며 가야 합니다.

> 주권자에게 은혜를 구하는 자가 많으나 사람의 일의 작정은 여호와께로 말미암느니라 잠 29:26

물론 주권자 혹은 권력자가 힘이 있고 모든 것을 할 수 있는 것처럼 보입니다. 그래서 그 앞에서는 꼼짝을 못하고 비위를 맞추며 그 눈에 벗어나지 않으려고 부당한 일을 시켜도 합니다. '나에게 당장 손해가 오니까' '잘못 보이면 큰일이 나니까'라고 생각하기 때문입니다. 그러나 일의 작정은 여호와께 있습니다. 사람이 결정을 하는 것 같지만 마지막 결정은 하나님이 하십니다. 권력자가 계획하는 대로 다 이루어질 것 같습니까? 그래서 권력자의 눈에 벗어나면 큰일이 날 것 같습니까? 아닙니다. 모든 일은 결국 하나님의 뜻대로 됩니다. 하나님이 진정한 주권자이시기 때문입니다.

결국 인간은 의인의 편에 서든지, 악인의 편에 서든지 둘 중에 하나를 선택해야 합니다. 우리는 어느 편에 서야 합니까? 하나님의 편입니까, 아니면 사람 편입니까? 미움 받는 것을 두려워하면 안 됩니다. 미움을 받는다면 누구에게 받아야 할까요? 악인에게 받아야 합니다. 그렇다면 누구에게 칭찬을 받아야 할까요? 하나님께 칭찬을 들어야 합니다. 하나님만 바라보고 나가면 용감하게 되고, 세월이 흐른 뒤에도 사람들이 인정하고 따르게 됩니다. 이것이 안전한 길입니다. 우리는 세상의 힘과 권력에 좌우되지 말고, 진정한 주권자이시며 그 뜻을 성취하시는 하나님을 바라보며 걸어가야 합니다. 우리는 사람과 더불어 살아갑니다. 그러나 사람을 두려워해서는 안 됩니다. 하나님 편에 서야 합니다. 그래야만 영혼이 살고, 아름다운 결과를 거둘 것입니다.

함께 이야기하기

1 하나님이 우리에게 묵시를 주시는 이유는 무엇일까요? 세상이 묵시를 잃어버렸을 때 어떤 모습으로 변하였나요?

2 묵시는 어떠한 자세로 받아야 하나요?

3 내게 주어진 자리에서 묵시를 따라 하나님 편에 서고자 할 때, 방해가 되는 것들이 있다면 무엇인가요?

함께 기도하기

하나님!
사랑하는 마음으로 우리에게 묵시를 주실 때,
겸손히 받게 하소서.
사람들을 두려워하지 말고
만물의 주권자이신 하나님이 옳다고 하시는 것을
따라가게 하소서.

4부

내가 행복하면
이웃도 행복해집니다

분별과 승리하는 삶에 대하여

잠 30:1-9

1 이 말씀은 야게의 아들 아굴의 잠언이니 그가 이디엘 곧 이디엘과 우갈에게 이른 것이니라
2 나는 다른 사람에게 비하면 짐승이라 내게는 사람의 총명이 있지 아니하니라
3 나는 지혜를 배우지 못하였고 또 거룩하신 자를 아는 지식이 없거니와
4 하늘에 올라갔다가 내려온 자가 누구인지, 바람을 그 장중에 모은 자가 누구인지, 물을 옷에 싼 자가 누구인지, 땅의 모든 끝을 정한 자가 누구인지, 그의 이름이 무엇인지, 그의 아들의 이름이 무엇인지 너는 아느냐
5 하나님의 말씀은 다 순전하며 하나님은 그를 의지하는 자의 방패시니라
6 너는 그의 말씀에 더하지 말라 그가 너를 책망하시겠고 너는 거짓말하는 자가 될까 두려우니라
7 내가 두 가지 일을 주께 구하였사오니 내가 죽기 전에 내게 거절하지 마시옵소서
8 곧 헛된 것과 거짓말을 내게서 멀리 하옵시며 나를 가난하게도 마옵시고 부하게도 마옵시고 오직 필요한 양식으로 나를 먹이시옵소서
9 혹 내가 배불러서 하나님을 모른다 여호와가 누구냐 할까 하오며 혹 내가 가난하여 도둑질하고 내 하나님의 이름을 욕되게 할까 두려워함이니이다

18

제 평생의
소원입니다

감사가 사라지는 세대

미국의 유명한 애니메이션 〈심슨 가족〉에 나오는 에피소드입니다. 등장인물 중 하나인 바트 심슨(Bart Simpson)이 어느 레스토랑에서 식사기도를 해 달라고 부탁을 받았습니다. 그러자 그는 이렇게 기도했습니다. "하나님이시여, 우리는 이 음식을 위해서 값을 다 지불했습니다. 그래서 감사할 것이 하나도 없음을 감사합니다." 내가 내 돈을 내고 먹는데, 뭘 감사하느냐는 말입니다.

휴머니즘, 인본주의는 인간의 가치를 가장 극대화합니다. 인권을 중요하게 다루는데, "인간은 행복할 권리가 있다"는 것입니다. 그런데 그 행복은 어디서 올까요? 위로부터 오는 것입니다. 이렇게 은총을 의식할 때 감사하게 됩니다. 그런데 휴머니즘은 말합니다. "그것은 의존의식이다. 인간을 나약하게 한다. 그러므로 인간은 자율의식을 가져야 한다." 다시 말하면 '내가 누구에게 신세 진 것이 없다. 내가 수고하고, 능력이 있어서 이 모든 것을 손에 넣었다'고 생각합니다. 그래서 점점 감사를 잃어버렸습니다.

> 너는 이것을 알라 말세에 고통하는 때가 이르러 사람들이 자기를 사랑하며 돈을 사랑하며 자랑하며 교만하며 비방하며 부모를 거역하며 감사하지 아니하며 거룩하지 아니하며 무정하며 원통함을 풀지 아니하며 모함하며 절제하지 못하며 사나우며 선한 것을 좋아하지 아니하며 배신하며 조급하며 자만하며 쾌락을 사랑하기를 하나님 사랑하는 것보다 더하며 경건의 모양은 있으나 경건의 능력은 부인하니 이같은 자들에게서 네가 돌아서라 딤후 3:1-5

말세의 징조는 감사가 없어지는 것입니다. 여기서 돌아서야 합니다. 탈무드에는 이런 말이 있습니다. "어떤 공부보다도 먼저 감사를 배우라." 하나님은 감사를 배우라고 하십니다.

모른다는 것을 인정하는 지혜

잠언 30장은 아굴의 잠언입니다. 아굴은 아주 지혜롭고, 덕이 높은 학자입니다("이 말씀은 야게의 아들 아굴의 잠언이니 그가 이디엘 곧 이디엘과 우갈에게 이른 것이니라" 1절). 이디엘과 우갈은 그의 제자들입니다. 그는 잠언을 연구했고, 수집해서 빠진 부분을 추가했습니다. 대단한 사람이지요. 그런데 그는 스스로를 총명이 없는 사람이라고 설명합니다("나는 다른 사람에게 비하면 짐승이라 내게는 사람의 총명이 있지 아니하니라" 2절). 왜 갑자기 이런 말을 했을까요? 다른 사람들이 아굴에게 말했습니다. "이렇게 귀한 잠언을 수집했으니 참으로 대단하십니다. 당신은 정말 지혜로운 분입니다." 이에 대해 아굴이 답변했습니다. "나는 짐승같이 무지한 사람이요. 총명도 없고 지혜도 없고, 하나님을 아는 지식도 없는 사람인데, 어쩌다가 이런 일을 하게 되었을 뿐입니다."

그는 여기서 지혜가 무엇인지 정확하게 보여 줍니다. 첫째, 내가 아는 것이 없음을 인정하는 것이 지혜입니다("나는 지혜를 배우지 못하였고 또 거룩하신 자를 아는 지식이 없거니와" 3절). 자기 한계를 인정해야 겸손하게 배우고, 깨닫고, 지혜롭게 됩니다. 또한 지혜는 모든 인간의 한계를 인정합니다("하늘에 올라갔다가 내려온 자가 누구인지, 바람을 그 장중에 모은 자가 누구인지, 물을 옷에 싼 자가 누구인지, 땅의 모든 끝을 정한 자가 누구인지, 그의 이름이 무엇인지, 그의 아들의 이름이 무엇인지 너는 아느냐" 4절). 말씀은 하늘과 바람과 물과 땅, 즉 우리가 사는 이 세상을 누가 만들었고, 누가 다스리는지 아느냐고 묻습니다.

무슨 뜻일까요? 모른다는 것입니다. 인간은 자기가 지혜롭고, 모든 것을 안다고 생각하지만 사실은 보이는 세상에 대해서도 다 알 수 없고, 보이지 않는 하나님에 대해서는 더욱 알 수 없습니다. 그러므로 궁극적인 것에 대하여 대답할 수 없습니다. 그만큼 무지하다는 말입니다. 그런데 모르면서도 다 아는 척합니다. 그래서 자기가 이해할 수 없으면 "사실이 아니다. 틀렸다"라고 합니다.

지혜는 자기가 모른다는 것을 인정하는 것입니다. 그러나 이것은 반쪽 지혜입니다. 참된 지혜는 하나님의 말씀을 인정하고, 그 말씀대로 사는 것입니다.

말씀을 따라가는 지혜

하나님의 말씀은 다 순전하며 하나님은 그를 의지하는 자의 방패시니라 너는 그의 말씀에 더하지 말라 그가 너를 책망하시겠고 너는 거짓말하는 자가 될까 두려우니라 잠 30:5-6

하나님의 말씀은 순전하고 불순물이 섞여 있지 않습니다. 거짓이 없고, 진실합니다. 또한 "그를 의지하는 자의 방패"이십니다. 하나님 말씀은 순전하고 참이기 때문에 믿고 의지하고 따라갈 수 있습니다. 또한 그럴 때 하나님은 방패가 되어 주시고 삶으로 확증시켜 주십니다. 그 말씀은 안전하고 완전합니다. 말씀 속에 모든 질문에 대한 해답이 들어 있다는 말입니다.

그러므로 하나님의 말씀에 무언가를 더하지 말라고 하십니다. 하나님의 말씀을 있는 그대로 받지 않고 자기 뜻대로 보태거나 빼 버리면 안 됩니다. 인간의 철학이나 신념이나 이데올로기 등으로 채색하면 거짓말이 됩니다. 말씀을 있는 그대로 전하고 받아들이는 것이 중요합니다.

두 가지 소원

내가 두 가지 일을 주께 구하였사오니 내가 죽기 전에 내게 거절하지 마시옵소서 잠 30:7

이제 그는 기도합니다. 첫째, 그는 "헛된 것과 거짓말을 내게서 멀리 하옵소서"라고 기도합니다("곧 헛된 것과 거짓말을 내게서 멀리 하옵시며" 8절상). 그가 원하는 것은 돈과 건강이 아닙니다. 무가치한 것, 허황된 것, 잠시 후에는 사라질 것들을 위해 자기 인생을 허비하지 않게 해 달라고 기도합니다.

또한 거짓말을 멀리하게 해 달라고 기도합니다. 거짓말을 하거나 다른 사람의 거짓에 속지 않게 해 달라는 뜻입니다. 정직하게 해 달라는 의미도 있지만 여기서는 특별히 어떤 거짓말을 의미할까요? 하나님 말씀과 관련된 것입니다. 6절 말씀에서 뭔가를 보태면 거짓말을 하는 자가 된다고 했습니다. 하나님의 말씀에 뭔가를 첨가하는 것, 말씀을 왜곡시키고 자기 생각과 철학과 욕심을 말하는 것, 결국은 하나님의 말씀을 이용해서 자기가 하고 싶은 말을 하는 것, 그래서 하나님의 말씀을 자기가 이용하는 것을 거짓말이라고 한 것입니다.

하나님의 말씀을 가르치는 사람으로서 헛된 것에 마음을 두거나, 내 욕심을 위해 하나님의 말씀을 왜곡하고 변질시키는 일은 너무도 무섭습니다. 그런데 이런 유혹이 언제나 도사리고 있습니다. 우리도 "헛된 것과 거짓말을 멀리하게 하소서"라는 기도를 꼭 해야 합니다.

앞으로의 시대는 이런 일이 더욱 많아질 것입니다. 헛된 것에 마음을 빼앗기고, 자기를 위해 말씀을 이용하는 사람들이 더욱 많아질 것이며 잘못된 가르침에 속아 영혼을 팔아먹는 일이 많아질 것입니다. 그러니 거짓된 가르침에 속지 않도록 깨어 있어야 합니다.

둘째, 그는 "가난하게도 마옵시고 부하게도 마옵시고 오직 필요한 양식으로 나를 먹이시옵소서"라고 기도합니다("나를 가난하게도 마옵시고 부하게도 마옵시고 오직 필요한 양식으로 나를 먹이시옵소서" 8절하). 왜냐하면 두렵기 때문입니다("혹 내가 배불러서 하나님을 모른다 여호와가 누구냐 할까 하오며 혹 내가 가난하여 도둑질하고 내 하나님의 이름을 욕되게 할까 두려워함이니이다" 9절). 배불러서 하나님을 부인하거나 하나님의 이름을 욕되게 할까 두렵다고 합니다. 가난해도 안 되고, 부자여도 안 되니까, 적당히 중산층의 생활을 하게 해 달라는 것이 아닙니다. "하나님에 대한 나의 마음이 돈 때문에 흔들리지 않게 하소서. 제 관심사는 잘 살고 못사는 것이 아닙니다"라고 한 것입니다. 물질 중심이 아니라 하나님 중심으로 살아가도록 기도하는 것입니다.

우리도 이런 기도를 해야 합니다. 부해지는 것은 좋은 일입니다. 부를 얻으면 처음에는 하나님이 주셨다고 감사합니다. 그러나 시간이 지나면서 '나는 가진 것이 많다. 하나님 없어도 돈만 있으면 되지'라고 생각합니다. 풍요와 안전 속에서 마음이 부해지고, 교만해지며, 하나님과 멀어집니다. 이런 재물이라면 필요 없습니다. 차라리 가난한 것이 낫습니다.

그러나 가난해지면 진실도 잃어버리고 비굴해지기 쉽습니다. 그러므로 "하나님, 돈에 의해 좌우되거나 돈 때문에 신앙과 양심을 팔아먹는 인간이 되지 않게 하소서. 나에게는 좋은 환경보다 더 중요한 것이 하나님입니다. 가난이 하나님께 영광이 된다면 가난을 주시고, 부함이 하나님께 영광된다면 부유함을 주소서. 어떻게 살아도 하나님을 바라보고, 하나님의 영광을 가리지 않게 하소서"라고 기도해야 합니다.

탈무드에 도(道)를 넘으면 안 되는 것 여덟 가지가 나와 있습니다. 첫째는 여행입니다. 여행은 좋지만 너무 다니면 조용히 집에 머물기 어려워집니다. 둘째는 친구입니다. 친구는 좋지만 이런 친구, 저런 친구 마구 사귀고 교제하면 좋지 않습니다. 셋째는 일입니다. 일은 좋지만 지나치게 해서는 안 됩니다. 넷째는 술입니다. 절대로 술이 과하면 안 됩니다. 다섯째는 잠입니다. 잠은 피로회복에 좋지만 너무 많이 자면 점점 더 약해집니다. 여섯째는 약입니다. 약도 좋지만 너무 먹으면 독이 됩니다. 일곱째는 향료입니다. 향은 알맞게 사용해야지 지나치면 구역질이 납니다. 마지막으로 여덟째는 돈입니다. 돈은 좋지만 신앙과 인격에 맞아야 합니다. 그것을 넘어서면 독이 됩니다.

우리는 감사를 배워야 합니다. 그래야 올바른 인격이 됩니다. 내가 아는 것이 다가 아닙니다. 더 높은 하나님의 뜻이 있습니다. 그것을 인정하는 것이 지혜입니다. "헛된 것과 거짓말을 내게서 멀리 하옵시며 나를 가난하게도 마옵시고 부하게도 마옵시고 오직 필요한 양식으로 나를 먹이시옵소서." 아굴의 소원이 오늘 우리의 기도가 될 때, 우리의 삶은 풍성해질 것입니다.

함께 이야기하기

1 오늘날 우리의 삶에서 감사가 사라지는 이유는 무엇일까요?

2 아굴의 두 가지 기도 제목은 무엇입니까? 이것을 내 기도 제목과 비교해 봅시다.

3 나의 감사 기도 제목을 말해 봅시다.

함께
기도하기

살아 계신 하나님!
나의 한계를 인정하고
하나님의 말씀을 따라 살게 하소서.
헛된 것과 거짓을 멀리하게 하시고,
일용한 양식으로 채워 주소서.
그래서 재물에 의해 흔들리지 않고,
가난하든 부하든 하나님을 사랑하고
하나님의 영광을 위해 살아가게 하소서.

잠 30:10-17

10 너는 종을 그의 상전에게 비방하지 말라 그가 너를 저주하겠고 너는 죄책을 당할까 두려우니라
11 아비를 저주하며 어미를 축복하지 아니하는 무리가 있느니라
12 스스로 깨끗한 자로 여기면서도 자기의 더러운 것을 씻지 아니하는 무리가 있느니라
13 눈이 심히 높으며 눈꺼풀이 높이 들린 무리가 있느니라
14 앞니는 장검 같고 어금니는 군도 같아서 가난한 자를 땅에서 삼키며 궁핍한 자를 사람 중에서 삼키는 무리가 있느니라
15 거머리에게는 두 딸이 있어 다오 다오 하느니라 족한 줄을 알지 못하여 족하다 하지 아니하는 것 서넛이 있나니
16 곧 스올과 아이 배지 못하는 태와 물로 채울 수 없는 땅과 족하다 하지 아니하는 불이니라
17 아비를 조롱하며 어미 순종하기를 싫어하는 자의 눈은 골짜기의 까마귀에게 쪼이고 독수리 새끼에게 먹히리라

19

악에서
구해 주소서

결핍에 시달리는 인간

그리스 신화에 보면 걸신들린 사람의 이야기가 나옵니다. 에리직톤은 테살리아의 왕이었습니다. 잔치를 좋아했기 때문에 연회장을 멋지게 만들고 싶었던 그는 멋진 나무를 발견했습니다. 그런데 그 나무는 곡물의 여신 데메테르에게 바쳐진 것이었습니다. 여신은 거기에 바친 꽃과 감사의 제물을 보며 즐거워했습니다. 에리직톤은 종들에게 나무를 베어 오라고 명령했습니다. 그러자 종들은 말했습니다. "그 나무는 신성한 것입니다. 그럴 수 없습니다." 그러자 그는 직접 가서 도끼로 나무를 찍어 버렸습니다. 화가 난 곡물의 여신은 허기의 여신 리모스에게 가서 그에게 벌을 내려달라고 부탁했습니다. 그러자 무엇을 먹어도 배가 부르지 않는 벌을 주었습니다. 그는 아무리 먹어도 허기를 느끼는 저주를 받게 된 것입니다. 그는 꿈에서도 먹는 꿈을 꿨습니다. 꿈에서 깨면 미칠 듯한 시장기를 느껴 닥치는 대로 가져오게 했습니다. 가진 것을 다 팔아서 먹던 그는 나중에는 자기의 딸까지 팔았습니다. 결국 자기의 손과 발을 뜯어 먹고, 이빨만 남기고 죽었습니다. 지나친 욕심을 부린 사람의 허기, 그 결핍에 시달리는 인간의 비극을 말해 주는 신화입니다.

프랑스의 철학자 파스칼(Blaise Pascal)은 "인간에게는 하나님으로만 채워질 수 있는 공간이 있다"고 말했습니다. 인간은 커다란 존재입니다. 세상의 그 무엇을 다 가져도 만족이 없을 만큼 큽니다. 인간은 하나님의 형상으로 만들어졌기에 하나님을 만날 때 만족을 누리게 됩니다. 그래서 "우리의 만족은 오직 하나님으로부터 나느니라"(고후 3:5하)라고 성경은 말씀합니다.

악이란 무엇인가?

인간이 하나님을 만나지 못할 때는 어떻게 되나요? 악에 빠집니다. 악은 지혜가 아니므로 버려야 합니다. 그렇다면 악이란 무엇일까요? 우리는 흔히 죄악이라는 말을 사용하는데, 죄와 악은 다릅니다. 정확하게 말하면 죄의 결과가 악입니다. 죄에서 악이 나옵니다. 죄의 근본은 "하나님은 없다"며 하나님의 존재를 인정하지 않는 것입니다. 악은 다양한 모습을 가집니다.

악에서 벗어나려면 어떻게 해야 할까요? 간단합니다. 하나님을 떠난 죄를 회개하고 돌아오면 됩니다. 그러면 하나님이 위로와 평강 그리고 기쁨을 주십니다. 세상이 줄 수 없는, 세상이 알 수도 없는 놀라운 평안과 만족을 주십니다. 그런데 왜 사람들은 악한 일을 하고, 악에 몰두할까요? 잠깐의 위로와 평안, 즐거움을 얻기 위해서입니다. 하나님을 떠나 죄에 빠진 인간에게는 진정한 기쁨과 만족이 없기 때문에 하나님이 주시려는 것의 대용품을 찾으려고 몸부림을 칩니다. 그것이 하나님 없는 인간의 모습입니다. 악에서 벗어나려면 악이 무엇인지 알아야 합니다.

현실 속에 나타나는 악의 모습들

악은 우리가 살아가는 현실 속에서 어떤 형태로 존재할까요?

첫째, '비방'입니다("너는 종을 그의 상전에게 비방하지 말라 그가 너를 저주하겠고 너는 죄책을 당할까 두려우니라" 10절). 비방은 확실한 근거 없이 모함하는 것입니다. 어떤 사람이 마음에 들지 않는다고 해서 주인에게 "당신의 종, 아무개는 아주 몹쓸 사람입니다"라고 말했다면 그 종이 어떻게 될까요? 그 비방 때문에 종은 엄청난 손해를 보게 됩니다. 이웃을 비방하는 것은 나쁜 일이지만, 특히 자신보다 약한 사람을 비방하는 일은 더욱 나쁩니다. 그가 저항할 힘이 없기 때문입니다. 이것을 종이 알게 되었다면 어떻게 할까요? "그가 너를 저주하겠고." 하나님이 그의 저주를 듣고 나를 심판하신다는 것입니다. 다른 사람을 근거 없이 비난하는 일이 우리의 삶에 가장 흔한 악입니다. 그래서 성경은 함부로 남을 비방하지 말라고 강조합니다.

오늘날 사회는 매스컴과 통신이 발달하면서 소식이 더욱 빨리 전파됩니다. 정확한 근거나 원인도 모르면서 함부로 말하면 사람들은 정말 그런 줄 알고 떠들어 댑니다. 잘못된 보도, 편파적인 보도, 사실을 왜곡하는 것들이 세상을 어지럽게 만듭니다.

둘째, '불효'입니다("아비를 저주하며 어미를 축복하지 아니하는 무리가 있느니라" 11절). 부모를 거역하는 것은 단순한 불효가 아니라 커다란 악입니다. 왜 부모 공경이 중요할까요? 인간 중에서 나를 가장 사랑하고 희생하는 분이 부모입니다. 그런데 그런 분에게 순종하지 않는다면 누구의 말을 듣겠습니까? 그러므로 효도는 인간관계의 기초입니다. 하나님이 부모님을 권위자로 세우시고, 그 질서를 존중하고 효도하라고 했습니다. 그러므로 부모에게 효도하는 것은 하나님의 질서에 순복하며 하나님의 권위를 인정하는 것입니다.

악한 시대의 대표적인 증상이 하나님의 권위를 부정하고 사회의 질서를 거부하는 것입니다. 동성애도 마찬가집니다. "성경에서 하나님이 죄라고 말한 것이 나와 무슨 상관인가? 내가 좋으면 되지. 내 마음대로 하면 되는 거지" 하면서 선의 기준을 인간이 정하고, 상대적 개념으로 모든 것을 파악합니다. 부모로 상징되는 가치, 권위와 질서를 부정하는 것이 악입니다.

셋째, '위선'입니다("스스로 깨끗한 자로 여기면서도 자기의 더러운 것을 씻지 아니하는 무리가 있느니라" 12절). 위선이란 겉으로는 깨끗한 것 같지만 속은 다 썩은 상태입니다. 그런데도 아닌 것처럼 아름답게 포장한 것이 위선입니다. 무엇이 옳고 그른지 모른다면 위선이 아닙니다. 단순히 무식한 거지요. 그러나 무엇이 옳고 그른지 알지만 옳은 대로 하지 않는 것이 위선입니다. 위선적인 사람은 언제나 다른 사람들이 문제라고 합니다. 그들은 다른 사람을 비난하거나 공격하는 데 전문가입니다.

하나님의 은혜를 입은 자들은 자신의 부족함을 발견하고 용서가 필요한 죄인임을 고백합니다. 이사야는 이렇게 고백했습니다. "화로다 나여 망하게 되었도다 나는 입술이 부정한 사람이요"(사 6:5상). 베드로는 주님을 만나고, "주여 나를 떠나소서 나는 죄인이로소이다"(눅 5:8)라고 고백했습니다. 사도 바울은 "죄인 중에 내가 괴수니라"(딤전 1:15)고 고백했습니다. 하나님의 자녀는 하나님의 은혜로 자신이 의롭게 여김을 받았다는 것을 알지만, 자신은 하나님 앞에 너무도 부족하고 연약하다는 것을 알고 부끄러워합니다. 어두운 데서는 얼굴의 흠이 잘 보이지 않지만 밝은 빛으로 나가면 흠이 잘 보이는 것과 같습니다.

미국의 정신과 의사 스캇 펙(Morgan Scott Peck)은 《거짓의 사람들》에서 이렇게 말했습니다. "악인의 가장 큰 특징은 잘못을 결코 인정하지 않는다는 것이다. 잘못을 인정하는 사람은 극단적인 악인이 되지 않는다. 모든 잘못은 바로잡을 수 있다. 그 한계가 무엇인가? 잘못을 인정할 때이다. 그러나 잘못을 인정하지 않는 사람을 고칠 방법은 없다. 그러므로 자기의 잘못을 인정하는 것은 그 자체로 엄청난 축복이다. 현실에는 모순이 있다. 그러나 자기는 털끝만큼도 잘못이 없다고 하는 사람들은 다른 사람들에게서 끝도 없는 악을 찾아낸다. 그들은 남에게 죄를 덮어씌우는 데 몰두한다."

자기는 잘못이 없다고 우기는 세상, 자기가 깨끗하다고 주장하는 사람들은 변하지 않습니다. 이것이 악입니다.

넷째, '교만'입니다("눈이 심히 높으며 눈꺼풀이 높이 들린 무리가 있느니라" 13절). 교만의 특징은 눈이 심히 높다는 것입니다. 눈이 높으니까 다른 사람을 아래로 봅니다. 교만의 결과 말을 듣지 않습니다. 자기 뜻과 자기 생각, 자기의 지혜가 다른 이보다 더 낫다고 생각하기 때문입니다. 우리가 하나님 앞에 교만한가 아닌가는 순종 여부를 통해 알 수 있습니다. '하나님의 뜻보다 내 생각이 더 낫다'고 여기기에 불순종합니다. 자기 뜻대로 하면 결과가 더 좋다고 생각하기 때문에 따르지 않는 것입니다. 그래서 교만은 불순종으로 나타납니다.

다섯째, '가난한 사람을 압제하는 것'입니다("앞니는 장검 같고 어금니는 군도 같아서 가난한 자를 땅에서 삼키며 궁핍한 자를 사람 중에서 삼키는 무리가 있느니라" 14절). 그들은 아주 사나운 짐승처럼 잔인합니다. 자기 욕망으로 가득 차 있고, 그것을 채우려고 잔인해집니다. 수단 방법을 가리지 않습니다.

여섯째, '지나친 욕심'입니다("거머리에게는 두 딸이 있어 다오 다오 하느니라" 15절상). 거머리는 피를 빨아먹는 곤충으로서 자기 몸무게의 2-5배 정도 빨아먹습니다. 많을 때는 10배까지도 빨아먹는다고 합니다. 다리에서 거머리를 떼어 내면 피가 맺힌 것을 볼 수 있습니다. 거머리에게는 두 딸이 있습니다. 몸에 두 개의 빨판이 있어 착 달라붙어서 빨아먹습니다. 하나를 가지고 빨아먹으면서, 나머지 하나를 가지고 "다오, 다오! 더 줘, 더 줘!" 이렇게 조른다는 것입니다.

만족을 모르는 사람

족한 줄을 알지 못하여 족하다 하지 아니하는 것 서넛이 있나니 잠 30:15하

한편 성경은 족한 줄을 모르는 것이 서너 개 있다고 합니다. 만족을 모르는 사람을 표현하기 위해서 4가지 예를 들고 있습니다("곧 스올과 아이 배지 못하는 태와 물로 채울 수 없는 땅과 족하다 하지 아니하는 불이니라" 16절). 첫 번째가 '스올' 즉 '죽음의 세계'입니다. 음부라고도 합니다. 역사 이래로 수없이 많은 사람이 죽었습니다. 그런데 "이제는 그만 죽어라. 자리가 차서 더 이상 받을 수가 없다" 하지 않고 계속해서 더 오라고 합니다. 그러므로 스올은 끝이 없습니다. 끝도 없이 요구하는 마음이 바로 지옥입니다.

그다음은 '아이를 갖지 못하는 태'입니다. 아무리 부부생활을 해도 아이를 갖지 못합니다.

셋째, '물로 채울 수 없는 땅'입니다. 아무리 물을 부어도 금방 빠져 버리는 땅입니다. 물이 고여야 저수지도 만들고 물을 이용할 텐데, 계속 부어도 쑥 빠지고 말면 어떻게 할까요? 대책이 없습니다.

마지막으로, '족하다 하지 아니하는 불'입니다. 불은 모든 것을 태우고 계속해서 땔감을 요구합니다. 연료만 공급하면 한없이 번져 갑니다. '이제 그만 태우자' 하고 스스로 꺼지는 법이 없습니다.

인간의 탐심은 지옥과 같고, 아이를 잉태하지 못하는 태와 같으며, 물을 저장하지 못하는 땅과 같고, 땔감을 요구하는 불과 같습니다. 인

간은 탐심에 붙들려 만족하지 못하고 살아갑니다. 욕망에 붙들려 살다가 파멸하는 것이 인생입니다. 이런 파멸의 모습은 어떨까요?

> 아비를 조롱하며 어미 순종하기를 싫어하는 자의 눈은 골짜기의 까마귀에게 쪼이고 독수리 새끼에게 먹히리라 잠 30:17

그런데 왜 갑자기 불효자가 나올까요? 불효는 탐심의 결말이기 때문입니다. 물질 때문에 부모님까지도 대적하는 불효자처럼 탐심의 결과는 이렇게 악하고 비참합니다. 하나님은 "네 부모를 공경하라 그리하면 네 하나님 여호와가 네게 준 땅에서 네 생명이 길리라"(출 20:12)고 하셨습니다. 탐심의 길로 가지 말라는 것입니다.

해결방법은 뭘까요? 자족하는 것입니다. 자본주의 사회의 약점이 만족을 모르고 더 가져야만 행복하다고 끊임없이 주입하는 것입니다. "더 가질 수 있다, 더 가져야 한다, 당신에게는 그럴 자격이 있다"고 계속해서 부추깁니다. 그러니 가졌어도 불만을 품습니다.

어느 부자가 죽으면서 많은 돈을 두고 가자니 아까웠습니다. '저승에 가서 혹시라도 돈이 필요하면 어떻게 할까? 만약을 위해서 조금이라도 가지고 가고 싶은데 방법이 없을까?' 고민했습니다. 그런데 아무리 생각해도 곧 죽는 자기의 부탁을 들어줄 것 같지 않았습니다. 자식도 믿을 수 없었습니다. 그래서 세 사람을 선택했습니다. 자기 변호사와 주치의와 성직자였습니다. '이분들이라면 욕심 때문에 나를 속이지는 않겠지. 내 부탁을 들어주겠지' 생각하고 각자에게 100만 달러씩 주면서 "이 돈을 내 관 속에 꼭 넣어 주십시오" 부탁했습니다. 300만 달러면 아쉬운 대로 될 것 같았기 때문입니다.

장례식이 끝나고 돌아오는 길에 세 사람은 서로 궁금했습니다. 의사가 성직자에게 물었습니다. "관 속에 100만 달러를 넣었습니까?" 성직자가 대답했습니다. "아무리 그래도 십일조는 떼어야 하지 않겠나? 그분의 신앙을 위해서 90만 달러만 넣었네. 자네는 어떻게 했는가?" "병원 시설을 새롭게 하는 데 많은 사람의 도움이 필요해요. 평소 건강에 지대한 관심을 가졌던 고인의 뜻이라 믿고, 50만 달러를 그분의 이름으로 병원에 기부했습니다." 그 얘기를 듣더니 변호사가 화를 냈습니다. "아무리 그래도 그렇지, 고인의 부탁인데 그러면 되겠는가?" "그럼, 자네는 다 넣었는가?" "물론이지. 다만 부피를 생각해서 가계수표로 바꿔 넣었네!" 100% 떼어먹은 것입니다.

아굴의 잠언을 살펴보았습니다. 아굴은 "나는 나그네입니다"라는 뜻입니다. 인생은 나그네입니다. 이 땅에서 천년만년 사는 것이 아닙니다. 아굴의 잠언에는 "무리가 있느니라"란 말이 4번이나 반복됩니다. '무리'는 '세대'라는 말입니다. 이렇게 악한 세대의 모습을 보여 줍니다. 하나님을 부정하고, 회개하지 않으며, 교만하고 탐욕에 사로잡혀서 잔인한 시대가 되어 가고 있습니다. '아굴의 잠언'은 하나님을 떠난 세상은 이렇게 되고 있으니 너희는 여기서 돌아서라는 메시지입니다. 이것이 지혜입니다. 우리는 세상에 물들지 말고, 하나님을 바라보며 말씀만을 따라가야 할 것입니다.

함께 이야기하기

1 진정한 만족은 어디에 있습니까?

2 우리 삶에 나타나는 악의 여섯 가지 형태는 무엇인가요?

3 주변에 필요 이상의 욕심을 부리는 사람들이 있다면, 그 사람들의 특징은 무엇인가요?

함께 기도하기

참된 만족을 주시는 하나님!
하나님을 떠나는 것이 죄이고, 그 결과 악을 행합니다.
어떤 것이 악인지 알려 주시고,
그런 악에서 우리를 건져 주소서.

잠 30:18-23

18 내가 심히 기이히 여기고도 깨닫지 못하는 것 서넛이 있나니
19 곧 공중에 날아다니는 독수리의 자취와 반석 위로 기어 다니는 뱀의 자취와 바다로 지나다니는 배의 자취와 남자가 여자와 함께한 자취며
20 음녀의 자취도 그러하니라 그가 먹고 그의 입을 씻음 같이 말하기를 내가 악을 행하지 아니하였다 하느니라
21 세상을 진동시키며 세상이 견딜 수 없게 하는 것 서넛이 있나니
22 곧 종이 임금된 것과 미련한 자가 음식으로 배부른 것과
23 미움 받는 여자가 시집 간 것과 여종이 주모를 이은 것이니라

20

하나님께는
비밀이 없습니다

뱀같이 지혜롭고, 비둘기같이 순결하게

중국 춘추전국시대에 굴원(屈原)이란 사람이 있었습니다. 그는 초나라의 관리였는데, 귀양을 가게 되었습니다. 초췌해진 모습으로 시를 읊조리는 그를 어떤 어부가 알아보고 이렇게 물었습니다.

"당신의 이름이 천하에 자자한데, 어쩌다가 이렇게 되셨습니까?"

굴원은 한숨을 쉬며 말했습니다.

"혼탁한 세상에 나 혼자만 맑고, 모두가 취한 자리에서 혼자만 멀쩡하여 이렇게 된 것입니다."

어부는 굴원의 모습을 바라보며 이렇게 말했습니다.

"세상이 혼탁하면 거기에 물드는 척도 해야 하고, 사람들이 모두 술에 취했으면 나도 취한 척이라도 해야 하는 것 아닙니까?"

그러자 굴원은 대답했습니다.

"내 일찍이 이런 말을 들은 적이 있소. 새로 머리를 감은 사람은 반드시 갓을 털어서 쓰고, 새로 몸을 씻은 사람은 반드시 옷을 털어

입는다고 했소. 그러니 어떻게 맑고 깨끗한 몸으로 더러운 것을 받아들일 수 있겠소? 차라리 강에 몸을 던져 물고기 밥이 될지언정, 어떻게 세속의 티끌을 뒤집어쓸 수 있단 말이요?"

〈어부사〉에 나오는 대화입니다. 그는 그 후 강물에 투신했습니다.

맑고 순수한 것은 좋습니다. 그러나 세상의 악을 견디지 못하고 쓰러지는 것은 바람직하지 않습니다. 예수님은 말씀하셨습니다.

> 뱀 같이 지혜롭고 비둘기 같이 순결하라 마 10:16하

때 묻은 세상에 살지만 깨끗해야 합니다. 좌절하지 말고, 지혜롭게 자기의 길을 걸어가야 합니다. 이것이 혼탁한 세상을 살아가는 방법입니다. 하지만 우리는 어떻게 악한 세상에서 동화되지 않고, 그러면서도 꿋꿋이 살아갈 수 있을까요?

이해할 수 없는 일들

잠언 30장 18-23절에는 "어떠어떠한 것 서넛이 있나니"란 표현이 반복되는데, 이런 것을 '수(數)잠언'이라고 합니다. '숫자가 나오는 잠언'이란 뜻입니다. 수잠언에서 가장 중요한 요점은 마지막 것입니다. 앞에서는 누구나 다 아는 보편적인 현상을 말하며 가장 마지막 것을 강조합니다.

첫 번째 이야기입니다. 이 세상에는 분명히 발생했는데, 흔적이

남지 않는 것들이 있다고 합니다("내가 심히 기이히 여기고도 깨닫지 못하는 것 서넛이 있나니" 18절). 그것이 무엇일까요?

> 곧 공중에 날아다니는 독수리의 자취와 반석 위로 기어 다니는 뱀의 자취와 바다로 지나다니는 배의 자취와 남자가 여자와 함께한 자취며 음녀의 자취도 그러하니라 잠 30:19-20상

첫째, 공중에 나는 독수리의 자취입니다. 길이 있으니까 분명히 그 길로 날아갔을 텐데 흔적을 찾을 수 없습니다. 둘째, 뱀이 바위 위로 지나간 자리입니다. 분명히 사건은 발생했는데, 눈에는 보이지 않습니다. 셋째, 바다 위로 지나다닌 배의 자취입니다. 분명히 배가 물결을 헤치고 지나갔는데, 조금 후에 보니 그 흔적이 사라졌습니다. 이렇게 세 가지 경우는 누구나가 경험한 일이고, 또 동의할 수 있습니다.

이제 정말 하고 싶은 말이 나옵니다. "남자와 여자가 함께한 자취"입니다. 남녀가 함께 있었고 거기서 분명히 어떤 일이 벌어졌는데 확인하기가 어렵다는 것입니다. 이게 무슨 말일까요? 앞에 인용한 세 가지는 방탕한 남녀가 서로를 유혹할 때 쓰는 말입니다. "우리 함께 즐깁시다." "아이, 안 돼요. 사람들이 봅니다." "누가 본다고 그래요? 공중에 나는 독수리의 자취를 알 수 있습니까? 뱀이 바위 위로 지나간 것을 알 수 있습니까? 바다에 배가 지나간 자리를 알 수 있습니까? 그러니까 우리 은밀하게 즐겨 봅시다." 이렇게 말한

다는 것입니다. 이런 얘기가 통할까요? 통한답니다. 생각해 보니 그렇기 때문입니다. "한강에 배 지나가기지" 하는 이런 유혹에 넘어갑니다.

그래서 다음과 같은 일이 벌어집니다.

> 그가 먹고 그의 입을 씻음 같이 말하기를 내가 악을 행하지 아니하였다 하느니라 잠 30:20하

음식을 먹고 입을 씻은 것같이, 나쁜 짓을 하고 "나, 그런 일 한 적 없다"고 딱 잡아뗀다는 것입니다. 이런 경우에 참 곤란하지요. 흔적이 있어야 증명할 수 있기 때문입니다.

솔로몬이 얼마나 지혜로웠는지요? 수없이 많은 재판을 해야 하는데 아무리 애를 써도 힘들 때가 많았습니다. 증거가 없으면 방법이 없잖습니까? 딱 잡아떼면 어쩔 도리가 없습니다. 세상은 그런 곳입니다. 무슨 일이 일어났는데 그들이 한 일이 뭔지, 그 진상이 뭔지 아무도 모릅니다. 이것이 인간의 한계입니다.

두 번째 이야기입니다. 세상이 왜 이렇게 시끄럽고, 무질서해지고, 엉망이 될까요? 있을 수 없는 일이 일어나고, 말도 안 되는 일들이 발생하기 때문입니다("세상을 진동시키며 세상이 견딜 수 없게 하는 것 서넛이 있나니" 21절). 이럴 때 사람들은 견디기 힘들어합니다. 어떤 일들일까요?

> 곧 종이 임금 된 것과 미련한 자가 음식으로 배부른 것과 미움 받는 여자가 시집 간 것과 여종이 주모를 이은 것이니라 잠 30:22-23

첫째, 종이 스스로 왕이 되는 것입니다. 쿠데타 등으로 자격 없는 사람이 권력을 잡았다면 질서가 무너진 것입니다. 왕은 아무나 되는 것이 아닙니다. 어쩌다가 잠깐 왕의 자리에 앉을 수는 있습니다. 그러나 질서를 잡고 유지하며 발전시킬 수는 없습니다. 왜냐하면 그릇이 아니기 때문입니다. 종이 아는 것이 뭐가 있습니까? 그런데 왕 노릇을 하려니 그 결과 꼴이 말이 아닙니다. 그러므로 왕이 될 사람이 왕이 되고, 종이 될 사람이 종이 되어야 합니다. 그렇지 않으면 혼란스러워지고 나라가 엉망이 됩니다. 그래서 많은 사람이 힘들어한다는 것입니다.

둘째, 미련한 자가 부자가 되어 떵떵거리며 살게 된 것입니다. 돈도 아무나 버는 것이 아니고, 재물을 제대로 다루는 그릇도 따로 있습니다. 미련한 사람이 어쩌다가 일확천금을 벌고 나니, 눈에 보이는 것이 없습니다. 가난했을 때는 그래도 괜찮은 사람이었는데, 갑자기 큰돈을 만지더니 방탕하고 교만하고 정신을 못 차립니다. 어쩌다가 돈 좀 벌더니 이상한 사람이 되어 버린 것입니다. 봐주기 어려운 광경입니다.

셋째, 미움 받는 여자가 시집간 것입니다. 부끄러운 과거를 가지고 엉망으로 살던 여자가 순결한 처녀처럼 과거를 속이고 결혼했습니다. 자기 행실에 대하여 보응을 받아야 하는데, 철저히 숨기고 아무 일도 없는 것처럼 살아갑니다.

마지막으로, 여종이 주모를 이은 것입니다. 주인의 총애를 입은 계집종이 주인마님을 내쫓고 안주인이 되었습니다. 여주인을 모함하고 흔들어서 가정을 무너뜨리고, 농간을 부려서 쫓아내고 자기 분수도 모르고 다른 사람들을 구박합니다. 이런 기가 막힌 일들이 세상에 있다는 것입니다.

이해할 수 없는 일이 일어나는 이유

두 이야기를 정리해 보겠습니다. 첫 번째 이야기는 분명히 악을 행하고도 아니라고 딱 잡아떼는 것입니다. 이것을 보면 참으로 기가 막힙니다. 문제를 일으켰는데 아니라고 잡아떼는 것을 보면 화가 나고, 마음이 갑갑할 때가 많습니다.

두 번째 이야기는 자격이 없는 사람들, 도저히 그 자리에 있어서는 안 되는 사람들이 설치는 것을 견딜 수가 없다는 말입니다. 많은 사람이 그 모습에 낙담합니다. 반대로 이런 상황이 너무 힘들어서 "나도 저 사람들과 한패가 되어 버릴까?" 하고 마음이 흔들리기도 합니다.

그렇다면 왜 이런 일들이 세상에 있는 것일까요? 아니라고 잡아떼면 불의가 은폐되고 무사히 넘어갈 수 있다고 착각하기 때문입니다. 결과만 좋으면 과정이야 어찌 됐든 상관없다고 생각하기 때문입니다.

세상이 복잡한 이유는 간단합니다. "심은 대로 거둔다"는 법칙을 외면하기 때문입니다. "죄 지으면 벌 받고, 선을 행하면 상을 받는다"는 공식을 모두가 확실하게 믿는다면 무슨 문제가 있겠습니까? 그런데 사람들은 "나쁜 짓을 해도 들키지 않을 수 있고, 못된 짓을 하고도 잘살 수 있다"고 착각합니다.

전과자들이 왜 재범자가 될까요? 감옥에서 나올 때는 '다시는 그러지 말아야지' 생각하지만 상황이 어렵고 힘들어지면 유혹을 받습니다. '딱 한 번만 더하고 다시는 하지 말자'는 마음으로 손을 대다 결국 잡힙니다. 죄는 반드시 드러난다는 사실을 확실히 믿는다면 그 일을 안 할 것입니다. 하지만 무사하게 넘어갈 것이라고 생각하기 때문에 빠져나오지 못하는 것입니다.

사실 이 세상에는 숱한 정보와 각종 데이터가 많으니까 모든 것을 다 알 것 같지만 그렇지 않은 경우도 많습니다. 은폐되거나 증거를 인멸시키기 때문에 아무리 파헤쳐도 다 드러나지 않습니다. 사람의 판단과 기술로는 사실을 완벽하게 밝혀낼 수 없습니다. 그래서 사람들은 그것을 믿고 나쁜 짓을 합니다. 그렇다고 낙심하면 안 됩니다. 왜냐하면 하나님께는 비밀이 없기 때문입니다. 하나님은 다 알고 계시고 정확하게 판단하시기 때문입니다.

진실은 하나님 앞에서

'사실'이란 무엇일까요? 사람들은 어느 것이 사실이고, 어느 것이 거짓인지 구별할 수 있다고 생각합니다. 하지만 절대 쉽지 않습니다. 같은 사건이라도 관점에 따라 다르게 보이기 때문입니다.

그래서 진상을 철저히 밝히는 것에는 한계가 있습니다. 물론 우리는 최대한 사실을 확인하려는 노력을 해야 하고, 진상을 파악해야 하지만 완전히 알 수는 없습니다. 파헤치는 사람의 입장에 따라서 사실이 왜곡될 수도 있습니다. 어떤 사건에 대하여 하나님만이 정확하게 바라보고 평가하실 수 있고, 그것이 바로 진실입니다.

민수기 5장에 보면 아내의 간통을 밝히는 절차가 나옵니다. 아내는 죄를 저지르지 않았다고 맹세까지 합니다. 그런데도 남편의 의심이 사라지지 않습니다. 그렇다면 이런 절차를 밟아야 합니다. 제사장 앞에 가서 "만약에 내가 그런 나쁜 짓을 했다면 이런저런 저주를 하나님께 받을 것이다"라고 맹세하고 그 저주의 내용을 적은 종이를 빤 물을 의심을 받는 아내가 마십니다. 그것이 끝입니다. 그다음은 하나님께 맡기는 것입니다. 그 여인이 정직하다면 저주가 무효가 되어 아무 탈이 없을 것이고, 거짓으로 맹세했다면 하나님께서 저주에 기록된 대로 갚아 주실 것입니다.

의심을 지울 수 없을 때 드리는 일종의 제사를 '의심의 소제'라고 합니다. 더 이상 비밀을 캐낼 수 없을 때, 하나님께 맡기고 거기서 끝내라는 것입니다.

매스컴에서 "과거사를 다 밝혀내겠다. 잘못을 완전히 척결하겠다"라는 내용을 보도할 때가 있습니다. 하지만 정말 끝까지 완벽하게 밝혀낼 수 있을까요? 영국의 수상 처칠(Winston Churchill)은 이렇게 말했습니다. "너무 과거에 붙들려 있으면 미래로 나갈 수 없다." 이 세상의 모든 것을 다 밝히고, 바로잡을 수는 없습니다. 어느 정도로

하고서 나머지는 하나님께 맡기고 나가야 합니다. 그럴 때 하나님이 밝혀 주시고, 이 세상에서가 아니면 하늘나라에 가서도 밝혀 주실 겁니다. 그것을 믿고 살아야 합니다.

이 세상에는 모순이 많습니다. 있을 수 없는 사건들도 많습니다. 이런 것을 보면서 '도대체 어찌 이런 일이 있는가?' 고민이 많아집니다. 그러나 세상만 바라보면 해결이 되지 않습니다. 어떻게 해야 할까요? 성경은 이렇게 말씀합니다.

> 하나님의 성소에 들어갈 때에야 그들의 종말을 내가 깨달았나이다
> 시 73:17

하나님의 성소로 가야 합니다. 교회에 나와서 기도하고 예배를 드리며 하나님께 맡겨야 합니다. 도대체 왜 이런 일이 일어났는지, 그리고 나는 오늘 이런 상황에서 무엇을 해야 할 것인지 하나님께 물어보십시오. 그럴 때 알게 될 것입니다. 하나님께는 비밀이 없습니다. 모든 것이 다 드러날 것이고, 하나님이 갚아 주실 것입니다. 이것을 믿고 사는 것이 지혜입니다. 그럴 때 우리는 이 세상을 살아가면서 낙심하거나 포기하지 않고 꿋꿋이 내 길을 걸어갈 수 있습니다.

함께
이야기하기

1. 주변에 이해할 수 없는 일들이나 불의한 일들이 일어난 적이 있나요? 그때 느꼈던 감정은 무엇인가요?

2. '의심의 소제'란 무엇인가요?

3. 세상을 살아가다가 낙심되거나 불의한 일을 경험했나요? 그 문제가 해결되지 않을 때 우리는 어떻게 해야 할까요?

함께
기도하기

하나님 아버지!
세상에는 모순되고 복잡하고
우리를 낙심하게 만드는 일이 많습니다.
그러나 하나님께는 비밀이 없음을 믿습니다.
진상을 파악하되 한계에 부딪힐 때
나머지는 하나님께 맡기게 하소서.
낙심하지 않고 믿음의 길을 꿋꿋이 걸어가게 하소서.

잠 30:24-33

24 땅에 작고도 가장 지혜로운 것 넷이 있나니
25 곧 힘이 없는 종류로되 먹을 것을 여름에 준비하는 개미와
26 약한 종류로되 집을 바위 사이에 짓는 사반과
27 임금이 없으되 다 떼를 지어 나아가는 메뚜기와
28 손에 잡힐 만하여도 왕궁에 있는 도마뱀이니라
29 잘 걸으며 위풍 있게 다니는 것 서넛이 있나니
30 곧 짐승 중에 가장 강하여 아무 짐승 앞에서도 물러가지 아니하는 사자와
31 사냥개와 숫염소와 및 당할 수 없는 왕이니라
32 만일 네가 미련하여 스스로 높은 체하였거나 혹 악한 일을 도모하였거든 네 손으로 입을 막으라
33 대저 젖을 저으면 엉긴 젖이 되고 코를 비틀면 피가 나는 것 같이 노를 격동하면 다툼이 남이니라

21

어디에나
배울 것은 있습니다

낮아질 때 보이는 것

스코틀랜드의 로버트 더 브루스(Robert the Bruce)왕이 이웃 나라와의 전쟁에서 대패하고, 도망가다가 깊은 산속 오두막집에 숨었습니다. 오랜 싸움에 지친 왕은 탄식했습니다. "아, 정말 피곤하다. 몸도 마음도 지쳤고, 남은 것은 아무것도 없구나. 이제 내 인생도 끝났구나!" 이렇게 깊은 실의에 빠져 누워 있는데, 어디선가 거미 한 마리가 나오더니 거미줄을 치기 시작했습니다. 한 기둥에서 다른 기둥으로 거미줄을 치려면 왔다 갔다 해야 하는데 거리가 멀고 미끄러워서 거미는 계속 미끄러졌습니다. 어떻게 하나 보고 있는데 그 거미는 수십 번씩 같은 행동을 반복하면서 마침내 건너편으로 갔고, 다시 거기서 이쪽으로 오기를 반복했습니다. 그러다 마침내 거미줄을 완성했습니다. 브루스왕은 거미의 모습을 보며 감동하여 외쳤습니다. "오, 거미야. 너는 마침내 해냈구나. 장하다! 너는 나에게 좋은 교훈을 주었다. 미물인 너도 뜻한 바를 이루기 위해 이렇게 애쓰는

데, 나도 참고 견디며 다시 일어서리라." 그는 다시 일어나 흩어진 군대를 모아 마침내 승리를 거두었습니다.

왕은 거미를 통해 엄청난 교훈과 새로운 용기를 얻었습니다. 그런데 왜 거미를 그제야 봤을까요? 왕의 보좌에 앉아 있으면 거미가 보이지 않습니다. 높은 곳에 있을 때, 화려할 때는 거미가 보이지도 않고 관심도 없습니다. 지치고 피곤해졌을 때, 헛간 구석에 누워 있을 때, 겸손해졌을 때 거미를 볼 수 있는 것입니다.

사진을 잘 찍는 어느 목사님이 있습니다. 지금은 환경운동가로 활동하고 있는데, 풀 위에 맺힌 영롱한 이슬방울을 아주 멋지게 찍어 화보집을 만들어 보내 주었습니다. 그 목사님이 제게 이런 말을 했습니다.

"이슬방울 하나도 똑같은 모양이 없습니다."

"아니 그걸 어떻게 구별해요?"

"자세히 보면 보입니다."

"나는 안 보이던데요!"

"위에서 보면 안 보입니다. 이슬을 보려면 내 눈의 각도가 이슬보다 낮아야 합니다. 풀잎에 맺힌 이슬을 찍으려면 땅바닥에 드러누워야 합니다. 제가 이슬을 찍으면서 배운 것이 있는데요, 땅에 누워서 보면 또 다른 세상이 보입니다. 지표는 또 하나의 세상입니다."

일어서서 보는 세상과 누워서 보는 세상은 다릅니다. 시선의 위치가 다르기 때문에 전혀 새로운 것이 보인다는 말에 저는 감동을 받았습니다. 아주 작고 보잘것없는 것들 속에 들어 있는 아름다움도 놀랍고, 또한 미물을 통해서도 엄청난 지혜를 배울 수 있습니다.

우리는 어디서 어떻게 해야 지혜를 계속 배울 수 있을까요? 지혜를 배우기에 가장 좋은 곳은 하나님의 집입니다. 하나님을 만날 수 있고, 그 말씀을 들을 수 있기 때문입니다. 그러나 다른 곳에는 지혜가 없을까요? 아닙니다. 지혜는 언제 어디서나 겸손한 마음만 있으면 배울 수 있습니다.

지혜를 배우려고 애쓰는 사람의 눈에 무엇이 보였을까요? 아주 작은 동물들이 보였습니다. 먼저는 그것을 관찰하고 깊이 생각합니다. 그다음에는 법칙을 찾아내고, 마지막에는 그것을 기초로 이론을 만들어 냅니다. 본문은 이런 과정을 거쳐 알게 된 내용을 말해 줍니다.

작고 지혜로운 동물들

첫 번째 이야기는 작고도 가장 지혜로운 동물에 대한 이야기입니다("땅에 작고도 가장 지혜로운 것 넷이 있나니" 24절). 개미와 사반, 메뚜기와 도마뱀을 통해 배운 지혜에 대한 이야기입니다.

> 곧 힘이 없는 종류로되 먹을 것을 여름에 준비하는 개미와 잠 30:25

첫째, '개미'입니다. 작고 약한 개미를 관찰해 보았더니 대단한 지혜를 가지고 있었습니다. '먹을 것을 여름에 준비하는 지혜'입니다. 앞으로 다가올 겨울을 미리 준비하는 것입니다. 미래를 위해 준비하는 지혜입니다. 그래서 미리 준비하지 못하는 사람에게 "개미에게 배우라!"고 말하는 것입니다.

시편에 "젊은 사자는 궁핍하여 주릴지라도!"(시 34:10상)라는 구절이 나옵니다. 힘이 좋은 젊은 사자도 굶을 때가 있습니다. 저는 그 구절을 읽으면서 '젊은 사자가 왜 굶어? 모든 것이 다 자기 밥인데!' 생각했습니다. 그런데 어느 책에서 보니 사자는 미리 준비하지 않는다고 합니다. 왜냐하면 아무 때나 나가면 먹을 것이 있다고 생각하기 때문입니다. 그런데 다른 짐승을 만나지 못하면 굶는 것입니다. 또한 사자도 아플 수 있습니다. 그러면 사냥을 못 합니다. 그래서 늙은 사자는 자주 굶습니다. 겉으로 볼 때 화려하고 용맹하여 모두가 두려워하지만 그런 사자도 굶습니다. 그러나 개미는 굶지 않습니다. 미리 준비하기 때문입니다.

물건도 가격이 가장 비쌀 때 사면 어리석습니다. 쌀 때 미리 사 두어야 합니다. 옷을 한 벌 사도 언제 사는 것이 좋을지 생각해야 합니다. 공부도 미리 해 두어야 합니다. 또한 나이가 들 때를 생각하고 젊을 때 미리 준비해야 합니다. 미래는 반드시 올 텐데, 준비하지 않으면 미련한 것입니다. 영적으로도 그렇습니다. 하나님을 만나야 할 텐데, 그런 준비가 전혀 없다면 어떻게 되겠습니까? 그러므로 지혜로운 사람은 개미를 통해서도 배웁니다.

약한 종류로되 집을 바위 사이에 짓는 사반과 잠 30:26

둘째, '사반'인데 들쥐나 고슴도치와 비슷합니다. 작고 약합니다. 그러나 쉽게 잡히지 않습니다. 왜냐하면 바위틈에 집을 짓기 때문입니다. 일단 바위틈으로 쏙 들어가면 아무리 강한 짐승도 손을 댈 수 없습니다. 사반에게는 강한 것을 잘 이용하는 지혜가 있습니다. 자기는 약하지만 강한 것을 의지해서 안전하게 살아갑니다.

인생도 그렇습니다. 내 힘만 가지고는 안 됩니다. 내 건강, 내 지식, 내 재산은 사실 언제나 변할 수 있고, 약한 것입니다. 변하지 않는, 더 강한 것을 의지할 필요가 있습니다. 거기에 붙어 있으면 그만큼 강해집니다. 우리의 견고한 반석이 누구입니까? 다윗은 시편 31편에서 고백합니다.

> 주는 나의 반석과 산성이시니 그러므로 주의 이름을 생각해서서 나를 인도하시고 지도하소서 시 31:3

성경은 수없이 "주는 나의 피난처입니다"라고 말씀합니다. 전능하신 하나님을 의지하지 않으면 어리석은 것입니다. 하나님을 의지하고 보호받는 지혜가 우리에게 필요합니다.

> 임금이 없으되 다 떼를 지어 나아가는 메뚜기와 잠 30:27

셋째, '메뚜기'입니다. 메뚜기는 아무 힘도, 능력도 없습니다. 그러나 모이면 엄청난 힘을 가집니다. 미국의 소설가 펄 벅(Pearl Buck)

의 소설 《대지》를 보면 메뚜기 떼가 나타나서 온 땅을 황폐하게 만드는 것을 볼 수 있습니다. 메뚜기가 새카맣게 떼 지어 몰려들면 남아나는 게 아무것도 없습니다.

그런데 잘 보면 메뚜기는 지도자도 없습니다. 그러나 자기들끼리 싸우지 않고, 하나로 뭉쳐 엄청난 힘을 발휘합니다. 메뚜기의 지혜는 무엇일까요? 서로 싸우지 않고 하나가 되어 일사불란하게 움직이는 것입니다. 메뚜기의 협력과 단결력을 배워야 합니다. 개인은 똑똑한데 서로 힘을 합치지 않으면 아무것도 하지 못합니다. 뭉치면 사는데, 하나되지 못하고 서로 싸우면서 지리멸렬하는 사람들을 보면 답답합니다. 그런 사람들은 메뚜기만도 못합니다.

> 손에 잡힐 만하여도 왕궁에 있는 도마뱀이니라 잠 30:28

마지막은 '도마뱀'입니다. 도마뱀은 빠르지도 않고, 힘도 없습니다. 그래서 잡히기 쉽지만 스스로 꼬리를 자르고 도망칩니다. 그리고 안 가는 데 없이 다 기어갑니다. 도마뱀은 왕궁에도 있다고 합니다. 왜 하필이면 '왕궁'이라는 장소를 강조할까요? 왕궁은 아무나 가는 곳이 아닙니다. 특별한 사람만 출입합니다. 그러나 도마뱀은 그곳에도 갑니다. 마음먹으면 어디든지 기필코 갑니다. 도마뱀의 지혜는 무엇일까요? 목표를 위해서는 어떤 희생도 감수한다는 것입니다. 힘이 없다고 낙심하거나 방해가 있다고 좌절하지 않습니다. 가야 할 곳은 어떻게 해서라도 다 찾아갑니다. "나는 신분도 높지 않고, 재물도 없고, 이런 시골구석에서 태어나 썩어 가는구나! 아, 답답하다. 세상이 왜 이렇게 불공평하냐?" 한탄하며 환경을 탓하는 사람들에게 본문은 이렇게 말씀합니다.

"이놈아, 도마뱀을 보아라. 저렇게 작고 약해도 왕궁에 있다."

강하고 물러섬이 없는 동물들

두 번째 이야기에는 반대로 강한 동물들이 등장합니다. 맨 먼저 등장하는 것이 사자입니다("곧 짐승 중에 가장 강하여 아무 짐승 앞에서도 물러가지 아니하는 사자와" 30절). 사자는 어떤 짐승을 만나든지 절대로 물러서지 않습니다. 그것이 사자의 성품입니다. 왜 물러서지 않을까요? 자기가 가장 강하다고 생각하기 때문입니다.

그다음에는 사냥개와 숫염소가 등장합니다("사냥개와 숫염소와 및 당할 수 없는 왕이니라" 31절). 사냥개는 작아도 끝까지 물러서지 않습니다. 그렇게 교육을 받았습니다. 자기는 약해도 뒤에 사냥꾼이 있기 때문입니다. 한편 숫염소는 앞에 무엇이 나타나면 자기 성질을 이기지 못합니다. 그래서 무엇이든지 그냥 들이받습니다. 자기가 살지, 죽을지 상관하지 않고 그냥 들이받고 보는 것입니다. 그러니까 숫염소에게 피해를 보지 않으려면, 내가 물러서는 수밖에 없습니다.

이렇게 강한 동물들을 만나면 물러나는 것이 좋습니다. 그런데 '누가 이기나 끝까지 한번 해 보자'고 마음을 먹으면 결국 내가 손해를 보기 쉽습니다.

이제 마지막 강조점이 나옵니다. '수(數)잠언'은 마지막 것이 강조점이라고 했습니다. "왕은 물러서지 않는다." 무슨 뜻일까요? 왕은 절대로 물러서지 않으니 네가 그 앞에서 알아서 물러서라는 말입니다. 왕은 왜 물러서지 않을까요? 왕은 자기 의견을 쉽게 접을 수 없습니다. 권위와 체면이 중요하기 때문입니다.

성경에도 보면 왕이 말했기 때문에, 그 권위 때문에 해로운 줄 알면서도 그대로 시행하는 경우가 많습니다. 에스더서의 말씀을 보면 아하수에로왕이 아내 때문에 조서를 내리고 후회하는 장면이 나옵니다. 그러나 취소하지 못합니다. 다니엘서를 보면 다리오왕이 조서를 내리고 후회합니다. 그러나 취소하지 못합니다. 왕의 권위 때문입니다. 물론 지금은 왕의 시대가 아니지요. 대통령은 국민이 뽑은 분이기 때문에 국민의 의견을 따라야 합니다.

그러나 여기서 기억할 것은 '지도자의 속성'입니다. 지도자는 물러서기 어렵습니다. 그러므로 신중하게 결정해야 하고, 그렇게 한 후에는 가능하면 물러서지 않아야 합니다. 또한 지도자에게 확실한 잘못이 있다면 몰라도 애매한 것으로 지도자와 다투어서는 안 됩니다. 확실한 잘못이 있으면 싸워야겠지만, 분명하지도 않은 이유로 시비를 걸거나 불평하면 결코 좋은 결과를 얻을 수 없습니다.

남편은 가정에서 왕의 모습을 가지고 있습니다. 그래서 물러서지 않으려는 마음이 있습니다. 이것을 어떻게 해야 할까요? 들이받아야 할까요? 아닙니다. 아내가 그 체면을 세워 주어야 합니다. 자녀 앞에서 반드시 이렇게 말해야 합니다. "아빠 말씀을 잘 들어야지." 이렇게 체면을 세워 주면 다 따라옵니다. 아내의 입장에서 볼 때, 세상에서 누가 내 말을 가장 잘 들을까요? 자식일까요? 아닙니다. 어릴 때 잠깐뿐입니다. 내 말을 가장 잘 듣는 사람은 남편입니다. 남의 말만 듣는다고 해서 남편이 아닙니다. 지혜로운 아내는 남편을 자기편으로 만듭니다. 그 비결은 남편의 자존심을 세워 주면 됩니다.

가정에서 한쪽이 강하면 한쪽은 유해야 합니다. 그래야 문제가 해결됩니다. 불은 물로 끄지, 바람으로 끄는 것이 아닙니다. 저쪽에서 물러설 것 같지 않으면 이쪽에서 물러서야지, 끝까지 싸울 필요는 없습니다. 그렇다고 지는 것일까요? 아닙니다. 물러서야 할 때 물러서는 것이 이기는 길입니다.

비로소 보이는 지혜

> 만일 네가 미련하여 스스로 높은 체하였거나 혹 악한 일을 도모하였거든 네 손으로 입을 막으라 잠언 30:32

높은 체하였거나 악한 일을 도모했다면, 손으로 입을 막으라고 합니다. 무슨 의미일까요? 하고 싶은 말을 다 하면서 살아서는 안 됩니다. 교만한 말을 했다면 이제부터는 말조심을 해야 한다는 것입니다. 만약 그렇지 않으면 무사하지 못하게 되니 거기서 멈추라는 것입니다. 왜냐하면 결과가 돌아오기 때문입니다.

> 대저 젖을 저으면 엉긴 젖이 되고 코를 비틀면 피가 나는 것같이 노를 격동하면 다툼이 남이니라 잠 30:33

젖을 저으면 엉기게 됩니다. 코를 비틀면 피가 납니다. 이것은 공식입니다. 마찬가지로 노를 격동시키면 다툼이 일어납니다. 그것을 뻔히 알면서 일부러 부딪힐 필요가 없습니다. 쉬어 가고 피해 가야 합니다. 그러므로 잘못해서 실수했으면, 말이 과격했으면 빨리 입을 막아야 합니다. 그래서 분노를 가라앉혀야 합니다. 때로는 물러서고, 양보하고, 후퇴하는 겸손이 필요하다는 것입니다.

아주 작은 동물을 통해서도 배워야 하고, 아주 고집스러운 짐승을 통해서도 배워야 합니다. 겸손하면 어떤 경우에도 지혜를 배울 수 있습니다.

함께 이야기하기

1. 작고 지혜로운 네 가지 동물을 통해 배울 수 있는 지혜는 무엇일까요?

2. 고집스러워 물러섬이 없는 사람들이나 상황을 만나게 되었을 때, 어떻게 행동하는 것이 지혜로울까요?

3. 이전에는 보이지 않았지만, 환경이나 상황이 바뀌면서 지혜를 배우게 된 적이 있다면 나눠 봅시다.

함께 기도하기

살아 계신 하나님!
세상에는 지혜가 많습니다.
그러나 겸손하지 않으면,
배우려는 마음이 없으면 우리는 어리석어집니다.
언제 어디서나 무엇을 통해서도
지혜를 배우는 사람들이 되게 하소서.
더 좋은 길을 두고 어려운 길, 험한 길로 가지 않게 하소서.
그래서 우리의 삶이 평탄하고 행복하게 하소서.

잠 31:1-9

1 르무엘 왕이 말씀한 바 곧 그의 어머니가 그를 훈계한 잠언이라
2 내 아들아 내가 무엇을 말하랴 내 태에서 난 아들아 내가 무엇을 말하랴 서원대로 얻은 아들아 내가 무엇을 말하랴
3 네 힘을 여자들에게 쓰지 말며 왕들을 멸망시키는 일을 행하지 말지어다
4 르무엘아 포도주를 마시는 것이 왕들에게 마땅하지 아니하고 왕들에게 마땅하지 아니하며 독주를 찾는 것이 주권자들에게 마땅하지 않도다
5 술을 마시다가 법을 잊어버리고 모든 곤고한 자들의 송사를 굽게 할까 두려우니라
6 독주는 죽게 된 자에게, 포도주는 마음에 근심하는 자에게 줄지어다
7 그는 마시고 자기의 빈궁한 것을 잊어버리겠고 다시 자기의 고통을 기억하지 아니하리라
8 너는 말 못하는 자와 모든 고독한 자의 송사를 위하여 입을 열지니라
9 너는 입을 열어 공의로 재판하여 곤고한 자와 궁핍한 자를 신원할지니라

22

어머니가
들려주는 지혜

어머니의 교훈

1789년에 프랑스 혁명이 일어나자 나라는 큰 혼란에 빠졌고, 모든 백성은 가난에 허덕이고 있었습니다. 어떤 부대가 이동하면서 숲속을 지나가고 있었는데, 굶주림에 지친 여인이 아이 셋을 데리고 길가에 쓰러져 있는 것을 보았습니다. 그 모습이 너무 딱해서 한 군인이 빵 한 덩이를 여인에게 주었습니다. 그러자 그녀는 그 빵을 세 개로 나누어 아이들에게 주었습니다. 아이들은 빵을 받아먹으며 기뻐했습니다. 이 광경을 바라보던 젊은 병사가 물었습니다. "저 여자는 배고프지 않은 모양이죠?" 상사는 조용히 대답했습니다. "그게 아니야. 저 여인이 어머니이기 때문이다." 프랑스 작가 빅토르 위고(Victor Hugo)가 쓴 소설 《93년》에 나오는 이야기입니다.

어머니는 자기는 굶어도 자식에게는 줍니다. 자기 입에 들어가는 것보다 아이들이 먹는 모습을 바라보며 더 즐거워합니다. 이것이 어머니입니다. 이런 말이 있습니다. "여인은 약하다. 그러나 어머니는 강하다. 여인은 미련해도 어머니는 지혜롭다." 자식을 길러야 하기 때문이요, 사랑하기 때문입니다.

잠언의 마지막 31장은 어머니가 자녀에게 주는 교훈입니다. 대개는 아버지의 잠언이었지만 마지막으로 어머니의 잠언을 말하면서 여성들도 지혜에 있어서 예외가 아니며, 특별히 어머니가 자녀들에게 주는 교훈을 결코 소홀히 여겨서는 안 된다는 것을 보여 줍니다.

이스라엘 어머니들의 가정교육은 세계 제일입니다. "네 살 때까지만 맡겨라. 그러면 유대인으로 만들 수 있다"라는 말이 있습니다.

네 살이란 어떤 의미일까요? 말을 배우고, 자의식이 생겨나고, 사회 생활을 시작하기 전입니다. 한마디로 말하면 자기표현도 못 하고, 판단하거나 거부할 수도 없어 완전히 어머니에게 의존하는 시기입니다. 그 시기에 아이의 가치관을 만드는 것이 어머니입니다. 어머니의 말씀을 가감 없이 그대로 받아들이면서 가장 기초적인 가치관이 형성되는 것입니다.

어머니가 네 살 이전에 무슨 말씀을 하셨는지 대부분 기억하지 못합니다. 그러나 깊은 무의식 속에는 그때 어머니가 하셨던 말씀이 기록되어 있습니다. 웃으며 바라보고, 부드럽게 만지며 말하는 소리를 통해 아이는 평안을 얻고, 자기 가치를 알게 되며, 세상을 바라보는 관점이 생겨나는 것입니다. 한마디로 말하면 어릴 때 어머니 품에 안겨서 경험한 모든 것이 자녀에게 일생 동안 남아서 그 사람의 가치관이 됩니다. 그래서 어머니의 교훈이 중요한 것입니다.

어머니는 왕인 아들을 어떻게 교육했을까요? 첫째, 이 아들이 어떤 존재인가 돌아보았습니다. 둘째, 어떻게 가르칠 것인가 고민했습니다. 셋째, 지켜야 할 것과 피해야 할 것들을 분명히 훈계했습니다.

자녀의 정체성

> 르무엘왕이 말씀한 바 곧 그의 어머니가 그를 훈계한 잠언이라 잠 31:1

르무엘왕은 누구일까요? 이스라엘 역사 속에는 이런 이름을 가진 왕이 없습니다. 이웃나라에도 없습니다. 솔로몬의 어릴 적 이름으로 어머니가 아들을 '르무엘'이라고 불렀습니다. 솔로몬에게는 이름이 몇 개 있습니다. 솔로몬은 아버지 다윗이 지어 준 공식 이름입니다. 다윗왕은 일생 동안 전쟁을 많이 했습니다. 이겼지만 전쟁이 지긋지긋했습니다. 그래서 평화를 갈망하여 아들 이름을 '샬롬'과 어원이 같은 솔로몬으로 지었습니다. 자기처럼 한평생 전쟁을 하면서 사람을 죽이지 말고 '평화의 사람'이 되길 바랐습니다. 그래서 솔로몬이라는 이름에는 아버지 다윗의 소원이 담겨 있습니다.

솔로몬의 또 다른 이름은 '여디디야'입니다. '하나님의 사랑을 입은 자'란 뜻입니다. 사무엘하 13장을 보면, 다윗과 밧세바는 큰 잘못을 저질렀습니다. 그러나 두 사람은 눈물로 통회합니다. 다윗왕이 얼마나 철저하게 회개했는지는 성경을 통해서 알 수 있습니다. 하나님이 동이 서에서 먼 것같이 죄과를 멀리 옮겼다고 했습니다. 그렇다면 밧세바는 어떻게 행동했을까요? 그녀도 철저하게 회개합니다. 첫 번째 아이는 금식하며 살려 달라고 했지만 죽었고, 회개한 남자와 회개한 여자 사이에 두 번째 아이가 태어납니다. 그 아이가 솔로몬입니다. 하나님이 그 아이를 사랑하셔서 지어 주신 이름이 여디디야입니다.

마지막 이름이 '르무엘'입니다. 솔로몬이 태어나기 전에 밧세바는 하나님께 서원을 드렸습니다.

> 내 아들아 내가 무엇을 말하랴 내 태에서 난 아들아 내가 무엇을 말하랴 서원대로 얻은 아들아 내가 무엇을 말하랴 잠 31:2

"하나님, 저를 용서하여 주십시오. 저에게 자식을 주신다면 하나님께 바치고, 하나님을 위한 사람으로 길러 내겠습니다." 밧세바는 회개하고 두렵고 떨리는 마음으로 기도했습니다. 기도하고 서원하여 낳은 아들, 그래서 붙인 이름이 르무엘입니다. '르무엘'을 직역하면 '하나님을 위하여'란 뜻입니다. '하나님을 위한 사람, 하나님께 바쳐진 사람'이란 뜻입니다. 어머니는 어릴 때부터 "르무엘아, 너는 엄마가 기도하여 낳은 아들이다. 하나님이 엄마에게 주신 선물이다. 엄마는 너를 하나님께 바쳤단다. 너는 하나님을 잘 섬기고, 하나님을 기쁘시게 하는 사람이 되어라" 이렇게 가르친 것입니다.

자녀의 가치

"내가 무엇을 말하랴"는 잠언 31장 2절에서 3번이나 반복됩니다. 무슨 뜻일까요? 생각을 많이 했다는 뜻입니다. 어머니로서 아들에게 꼭 필요한 교훈을 해야겠는데, 그 마음이 너무도 간절한데, 그것을 어떻게 간결하게 표현할까 생각을 많이 했다는 것입니다. 어머니가 자녀에게 가르칠 것이 있습니다. 먼저는 자녀의 존재가치를 확인해 주어야 합니다. "너는 태어나지 말아야 했는데 왜 태어나서 말썽이냐? 낳지 않으려고 했는데 실수해서 네가 나왔다. 너 때문에 내 인생은 복잡해졌다." 간혹 이런 말을 자녀에게 하는 부모도 있는데, 그것은 자녀의 가치를 부정하는 것입니다. 이렇게 말하면 안 됩니다.

파스칼(Blaise Pascal)은 말했습니다. "사람에게는 하나님만이 채울 수 있는 공간이 있다." 자녀의 텅 빈 마음을 돈, 이성, 많은 친구, 공부로 채울 수 있을까요? 아닙니다. 인간의 가장 큰 고민은 "나는 누구인가?"입니다. 눈에 보이는 부모님이 존재의 근원일까요? 아닙니다. 그것을 넘어서는 이유가 있어야 합니다. 우리가 존재하게 된 이유를 말해 주어야 합니다. 존재의 이유는 바로 '하나님'입니다.

'너를 이 땅에 있게 하신 분이 하나님이다. 너는 하나님의 아들이다. 너는 하나님의 딸이다. 너는 하나님의 것이다. 너는 르무엘이다.' 이것을 가르치는 것이 지혜이고, 교육입니다. 이 모든 것이 '르무엘'이란 이름에 담겨 있는 것입니다.

자녀에게 진정으로 말해 주려면, 그것이 자녀의 가슴에 박히려면, 먼저 그 사실을 엄마 자신이 확실하게 믿고 고백해야 합니다.

"내 아들은, 내 딸은 정말 하나님이 내게 주신 선물이다"라는 사실을 내가 확신하지 못하면 아이들이 정말 그 의미를 받아들이지 못합니다. "너는 하나님께 속한 사람이다. 너는 하나님을 위해 쓰임받아야 한다"는 것을 가르쳐야 합니다. 이것이 지혜입니다.

하지 말아야 할 것

어떤 내용을 가르쳤습니까? 왕이 하지 말아야 할 세 가지를 말합니다.

네 힘을 여자들에게 쓰지 말며 잠 31:3상

첫째, 여자들에게 힘을 쓰지 말라고 합니다. 수많은 영웅호걸이 여자들에게 마음을 빼앗겨 망했습니다. 특히 왕에게 이 문제는 더욱 심각합니다. 잘못된 성에 탐닉하면 멸망의 길입니다. 그러므로 아내 아닌 여자를 삼가야 합니다.

신학교 다닐 때, 목회학 시간에 연세 지긋한 목사님이 오셔서 이런 말씀을 해 주신 적이 있습니다.

"여러분, 이성을 조심해야 합니다."

"몇 살까지 조심해야 합니까?"

"죽을 때까지지. 내가 지금 70세가 넘었지만 조심하고 있습니다."

그 말을 듣고 모두들 웃었습니다. 그러자 목사님이 정색을 하면서 이렇게 말씀하셨습니다.

"농담 아니오. 사람은 죽을 때까지 유혹을 받습니다."

수많은 가정의 비극이 어디서 생겼을까요? 허락된 관계, 부부관계를 넘어서 다른 이성에게 눈을 돌렸을 때 시작됩니다. 이 문제에 걸려 있다면 과감하게 끊어 내야 합니다. 이런 문제는 자신과 후손에게까지 상처를 남기니 죽을 때까지 조심해야 합니다.

> 왕들을 멸망시키는 일을 행하지 말지어다 잠 31:3하

둘째, 왕들을 멸망시키지 말라고 가르칩니다. 미운 사람을 죽이면 문제가 끝날 것 같지만 그렇지 않습니다. 화평의 사람이 되어야 합니다. 힘을 가졌다고 해서 그 힘으로 작은 나라들을 괴롭히거나 자기 능력을 과시하는 사람이 되지 말라는 의미입니다. 지나친 경쟁의식을 버리고, 이웃과 평화로운 관계를 맺어 가야 합니다. 남들을 짓밟고 나 혼자 이겨야 한다는 사고방식을 가지면 절대로 살아갈 수 없습니다. 협력하고 도와주고 서로를 인정하는 가운데서 무엇인가를 이룰 수 있습니다.

> 르무엘아 포도주를 마시는 것이 왕들에게 마땅하지 아니하고 왕들에게 마땅하지 아니하며 독주를 찾는 것이 주권자들에게 마땅하지 않도다 잠 31:4

셋째, 포도주를 마시지 말라고 가르칩니다. 포도주는 왕에게는 합당하지 않다고 합니다. 왜냐하면 포도주를 마실 때 혼미해지기 때문입니다. 맑은 정신으로 살아도 부족한데 몽롱해서 될까요? 술

마시면 관계가 좋아지는 것 같지만, 사실은 인간적으로 타협하는 것입니다. 술을 마시기 시작하면 쾌락에 빠지게 되고, 의지가 약해지며, 백성들의 어려움에 눈을 감게 됩니다. 술은 어렵고 가난하고 힘든 백성에게 잠시 위로가 될 수는 있어도, 왕이 이것을 즐기면 안 됩니다. 왕이 술에 빠지면 어려운 백성들을 돌볼 수 없어집니다.

어머니는 왕에게 가장 쉽게 빠지는 세 가지 죄에서 벗어나야 한다고 가르칩니다. 이성과 지나친 경쟁의식에서 나오는 자기 과시와 보복, 그리고 술에서 벗어나야 한다고 가르칩니다. 정치 역사를 보면 언제나 세 가지가 연결되어 있습니다. 이성이 연루되어 있고, 원수에게 보복하는 일이 반드시 있습니다. 그래서 권력의 끝이 좋지 않습니다.

꼭 해야 할 것

어머니는 대신 왕이 힘써 해야 할 일을 가르칩니다.

> 너는 말 못하는 자와 모든 고독한 자의 송사를 위하여 입을 열지니라 잠 31:8

말 못하는 자와 고독한 자의 송사를 들어주어야 합니다. 말 못 하는 사람은 자기를 변호할 수가 없습니다. 고독한 자는 도와줄 사람이 없습니다. 얼마나 막막하겠습니까? 그래서 곤고한 자와 궁핍한 자를 신원하라고 말씀합니다("너는 입을 열어 공의로 재판하여 곤고한 자와 궁핍한 자를 신원할지니라" 9절). 고통받는 사람들을 돌아보라는 것입니다. 억울한 백성이 없도록 만들라는 것입니다. 이것이 정치의 목적입니다.

꼭 왕에게만 해당되는 말일까요? 오늘 이 시대를 살아가는 우리 모두에게 주어지는 말씀입니다. 우리에게 주신 힘을 어디에 쓰면 안 되고, 어디에 써야 하는지 우리는 분명히 알 수 있습니다. 왜냐하면 우리는 하나님의 자녀이기 때문입니다.

끝으로, 잠언을 통해 한 가지 주목할 것이 있습니다. 어머니는 왕에게 계속 교훈합니다. 왕에게는 누구도 함부로 말할 수 없겠지요. 그러나 어머니가 지적합니다. 바른길로 걸어가길 바라는 애타는 마음으로 말입니다. 수많은 어머니가 교회에서 눈물로 기도하고, 기도를 부탁하지만 자녀에게는 직접 말하지 못합니다. 부모는 자녀에게 할 말을 해야 합니다. 자녀가 바른길로 가도록 말을 해야 하는데, 자녀와의 관계를 생각하여 말하기를 포기하기도 합니다. 부모가 모범이 되지 못해서 말할 자신이 없을 수도 있습니다. 그러나 용기를 내서 자녀에게 말해야 합니다. 내가 완벽한 부모이기 때문이 아니라 자녀를 사랑하기 때문에 말하는 것입니다. 부모가 아니면 그 누구에게서도 들을 수 없는 가르침이기 때문입니다. 어머니로서 이런 교훈을 주고 있습니까?

이런 교훈을 잘 듣고 가슴에 새기고 실천할 때, 자녀는 인생을 바로 살 수 있습니다. 어머니가 사랑하는 자녀에게 애끓는 마음으로 주는 교훈입니다. 이것을 먼저 나를 향한 교훈으로 삼아 끝까지 잘 지키고, 자녀에게 전함으로 지혜롭고 낭비하지 않는 인생을 살아가야 할 것입니다.

함께 이야기하기

1 다음 문장의 괄호에 자녀의 이름을 넣어 봅시다.

   (   )를 이 땅에 있게 하신 그분이 하나님이시다.
   (   )는 하나님의 자녀다.
   (   )는 하나님의 것이다.
   (   )는 하나님께 속한 사람이다.
   (   )는 하나님을 위해 쓰임받아야 한다.

2 자녀가 빠지지 말아야 할 세 가지와 지켜야 할 것은 무엇인가요?

3 자녀에게 가장 가르쳐 주고 싶은 교훈은 무엇인가요? 나는 자녀에게 필요한 것을 교훈하고 있나요? 교훈하지 못하고 있다면 이유는 무엇인가요?

함께
기도하기

사랑의 하나님!
부모로서 내 자녀가 어떤 존재인지,
그들의 정체성을 확실히 알고 가르치게 하소서.
그들이 무엇을 해야 하는지,
또 무엇을 하지 말아야 하는지
가르치며 본을 보이게 하소서.
자녀들을 말씀으로 격려하고, 훈계하며,
축복의 통로가 되게 하소서.

잠 31:10-31

10 누가 현숙한 여인을 찾아 얻겠느냐 그의 값은 진주보다 더 하니라
11 그런 자의 남편의 마음은 그를 믿나니 산업이 핍절하지 아니하겠으며
12 그런 자는 살아 있는 동안에 그의 남편에게 선을 행하고 악을 행하지 아니하느니라
13 그는 양털과 삼을 구하여 부지런히 손으로 일하며
14 상인의 배와 같아서 먼 데서 양식을 가져오며
15 밤이 새기 전에 일어나서 자기 집안 사람들에게 음식을 나누어 주며 여종들에게 일을 정하여 맡기며
16 밭을 살펴 보고 사며 자기의 손으로 번 것을 가지고 포도원을 일구며
17 힘 있게 허리를 묶으며 자기의 팔을 강하게 하며
18 자기의 장사가 잘 되는 줄을 깨닫고 밤에 등불을 끄지 아니하며
19 손으로 솜뭉치를 들고 손가락으로 가락을 잡으며
20 그는 곤고한 자에게 손을 펴며 궁핍한 자를 위하여 손을 내밀며
21 자기 집 사람들은 다 홍색 옷을 입었으므로 눈이 와도 그는 자기 집 사람들을 위하여 염려하지 아니하며
22 그는 자기를 위하여 아름다운 이불을 지으며 세마포와 자색 옷을 입으며
23 그의 남편은 그 땅의 장로들과 함께 성문에 앉으며 사람들의 인정을 받으며
24 그는 베로 옷을 지어 팔며 띠를 만들어 상인들에게 맡기며
25 능력과 존귀로 옷을 삼고 후일을 웃으며
26 입을 열어 지혜를 베풀며 그의 혀로 인애의 법을 말하며
27 자기의 집안 일을 보살피고 게을리 얻은 양식을 먹지 아니하나니
28 그의 자식들은 일어나 감사하며 그의 남편은 칭찬하기를
29 덕행 있는 여자가 많으나 그대는 모든 여자보다 뛰어나다 하느니라
30 고운 것도 거짓되고 아름다운 것도 헛되나 오직 여호와를 경외하는 여자는 칭찬을 받을 것이라
31 그 손의 열매가 그에게로 돌아갈 것이요 그 행한 일로 말미암아 성문에서 칭찬을 받으리라

23

이상적인 여인상

아브라함의 선택 기준

우리나라에 "알뜰하고 덕 있는 며느리가 들어와야 집안이 흥한다"는 말이 있습니다. 새로운 식구가 들어와서 미치는 영향력이 얼마나 큰가를 단적으로 나타내는 말입니다. 옷을 예로 들어 봅시다. 며느리는 시부모님에게 옷을 지어 드립니다. 자기도 입고, 남편과 자녀들도 입혀야 합니다. 한마디로 삼대가 직접 영향을 받습니다. 그러므로 결혼은 그만큼 신중해야 합니다. 결코 함부로 할 수 없는 인륜지대사(人倫之大事)입니다.

영국 속담에 이런 말이 있습니다. "장사하러 나갈 때는 한 번 기도하고, 전쟁에 나갈 때는 두 번 기도하고, 결혼하기 전에는 세 번 기도하라." 바닷길로 장사하러 나가는 일은 위험합니다. 그러므로 기도해야 합니다. 전쟁을 하러 가는 일은 더 위험합니다. 그래서 두 번 기도해야 합니다. 결혼은 나 한 사람으로 끝나는 것이 아니라 자손 대대로 영향을 미칩니다. 그러므로 세 번 기도하라는 것입니다.

"어떤 사람을 만나는가"는 인생에서 너무도 중요합니다. 어느 날 자녀가 이성친구를 데려와서 "저는 이 사람과 결혼하겠어요" 인사를 하는데 맘에 들지 않아, "애는 안 된다"라고 말하면 부모와 자녀 간에 갈등이 생깁니다. 이런 일을 미리 방지하려면 이상적인 모델을 미리 가르쳐 줘야 합니다.

아브라함은 100세에 얻은 아들 이삭을 사랑했습니다. 창세기 24장에 보면, 이삭이 결혼할 나이가 되자 아브라함은 자기 종에게 "너는 내가 거주하는 이 지방 가나안 족속의 딸 중에서 내 아들을 위하여 아내를 택하지 말고 내 고향 내 족속에게로 가서 내 아들 이삭을 위하여 아내를 택하라"고 말했습니다. 가나안 족속의 딸은 안 된다고 합니다. 그들의 문화와 도덕과 종교가 잘못되었기 때문입니다. 그런 여자가 들어오면 가정이 신앙 안에서 하나 될 수 없습니다. 아브라함이 원한 것은 '하나님을 경외하는 여자' '하나님의 말씀을 따라 어디든지 갈 수 있는 여자'입니다.

종은 주인의 명령을 받고 출발합니다. 그런데 '도대체 어디 가서 그런 여자를 만나며, 어떻게 설득해서 데리고 올 수 있을까?' 싶습니다. 그래서 종은 자기 나름대로 생각을 많이 하고 기도합니다. "우물가로 가서 어떤 여자를 만나면 제가 목마르다고 말하겠습니다. 이 말을 듣고, 내게 물을 주면서 '당신의 짐승도 목이 마르겠군요. 낙타에게도 물을 먹이겠습니다'라고 말한다면 그 여자가 하나님이 허락하신 사람인 줄 알겠습니다. 그런 여자를 만나게 하소서."

종은 아브라함에게 어떤 지시도 받지 않았습니다. 그러나 아브라함과 한평생 살다 보니 그 가치관을 공유했습니다. 아브라함의 가정은 하나님을 경외하고, 손님 접대를 잘하는 가정인데, 새롭게 오는 여자도 그래야 한다는 것입니다. 이 가문의 안주인이 될 몸으로서 신앙이 좋고, 부지런하며, 베풀기를 좋아해야 합니다. 나그네의 목마름을 알 뿐 아니라, 짐승까지도 신경 쓰는 센스와 부지런함이 있으면 되겠다고 생각한 것입니다.

선택이란 한순간에 일어나는 일이 아닙니다. 쌓인 가치관이 선택으로 나타나는 것입니다. 자녀들이 태어나서 성인이 될 때까지 부모 밑에서 자라고 그 가치관을 이어받습니다. 그 가치관에 기초해서 사람을 고르는 것입니다. 그러므로 잘 가르쳐야 합니다. "하나님이 기뻐하는 사람은, 우리가 좋아하는 사람은, 너의 행복을 위해서는 이런 사람이 필요하다" 가르쳐야 합니다. 부모님께 그런 말을 들을 때마다 자녀의 마음에 새겨집니다. 그래서 선택의 기준이 생겨나고, 그런 기준에 합당한 사람을 보면 좋아지는 것입니다.

그다음에는 "네 마음에 드는 사람을 데려와라" 해서 데려오면 "좋다!"고 해야 합니다. 그런데 아무 말도 하지 않다가 사람을 데려오면 그제야 그 사람이 좋으니 나쁘니 한다면 늦었습니다. 아주 어릴 때부터 "어떤 남자가 좋고, 어떤 여자를 얻어야 한다"라고 가르쳐야 합니다.

본문은 이상적인 여인상에 대한 말씀입니다. 이것은 원래 '내훈'(內訓)입니다. 내훈이란 '여자가 여자에게 주는 교훈'입니다. 권위가 있고 존경받는 여자가 어린 여자들을 교육하는 내용입니다.

왕비로서, 나라의 어머니로서 모든 여인에게 주는 교훈입니다. 특별히 왕가의 여자들을 교육할 때 사용했습니다. 한마디로 요약하면 "이런 여자가 되어라"는 것입니다. 그러나 여자들을 위한 교육으로 끝일까요? 아닙니다. 남자들을 위한 교육이기도 합니다. 남자들에게는 "이런 여자를 찾아야 하고, 귀하게 여겨야 한다"는 권면입니다.

이런 교훈을 이해하기 쉽도록 알파벳 순서로 기록하고 있습니다. 히브리어 알파벳이 22자입니다. 10~31절까지 알파벳 순서대로 기록되어 있습니다. 우리식으로 한다면 각 절의 첫 부분이 '가나다라' 식으로 이어집니다. "가: 가정에서 여자들은, 나: 나만 생각하지 말고, 다: 다른 가족을 생각하면서, 라: 라면만 끓여 주지 말고, 마: 마음을 다하여"라는 식으로 이상적인 여인상을 22가지로 정리하여 암기시킨 것입니다.

본문은 세 가지 내용으로 이루어져 있습니다. 첫째, 어떤 여성이 이상적인가? 둘째, 이 모든 것이 어떻게 가능한가? 셋째, 그런데 사람들은 왜 이런 여성을 찾지 않는가?

이상적인 여성

누가 현숙한 여인을 찾아 얻겠느냐 그의 값은 진주보다 더 하니라
잠 31:10

어떤 여성이 이상적일까요? "현숙한 여인"입니다. 히브리어로는 '에쉐트 하일'(אשת חיל)입니다. 직역하면 '강한 여자'라는 뜻입니다. 몸이 소처럼 튼튼하다는 뜻이 아니고, 지혜와 사랑과 하나님에 대한 신앙으로 무장된 여자를 말합니다.

현숙한 여인의 첫 번째 특징은 무엇일까요? 신구약을 통틀어서 가장 이상적인 여성상은 베드로전서 3장에 나옵니다. '온유하고 안정된 심령'입니다. 부드러우면서도 그 마음이 견고하여 흔들리지 않습니다. 이것이 '현숙'의 기본개념입니다. 그러니까 최고로 매력적인 여자는 부드럽고 안정된 편안한 마음의 소유자입니다. 왜냐하면 남자에게 가정이란 그 아내의 마음이기 때문입니다. 아파트 평수가 100평이면 뭐합니까? 아내의 마음이 부드럽고 안정되어 있지 않다면 그 집은 지옥입니다. 10평 집에서 살아도 아내의 마음이 부드럽고 안정되고 평안하다면 살 만한 집이 되는 것입니다.

이런 여성의 가치는 "진주보다 귀합니다." 그 당시는 진주가 가장 귀한 보석이었습니다. 세상에 있는 모든 진주보다 더욱 소중한 것이 바로 현숙한 여인이라는 것입니다. 그런데 진주를 "누가 찾아 얻겠느냐?"라고 합니다. 그런 여성을 찾아서 얻기가 어렵다는 뜻입니다. 미리 살아 볼 수도 없고, 겉으로 구별할 수 있는 것도 아닙니다. 그러니까 '기도해야 한다'는 뜻입니다. "현숙한 여자를 만나게 하소서. 그런 사람을 선택할 수 있는 안목, 여성의 내면에 있는 아름다움을 발견할 수 있는 지혜를 주십시오" 기도하라는 것입니다.

현숙한 여자를 얻으면, 남편은 아내의 인격과 정절을 믿게 됩니다("그런 자의 남편의 마음은 그를 믿나니 산업이 핍절하지 아니하겠으며" 11절). 왜냐하면 현숙한 아내의 관심사는 남편에게 선을 행하는 것이기 때문입니다("그런 자는 살아 있는 동안에 그의 남편에게 선을 행하고 악을 행하지 아니하느니라" 12절). 아주 의미심장한 말입니다. 목적이 '남편'이란 말입니다. 반대로 목적이 자기인 여성이 있습니다. 이런 아내에게 결국 남편은 자기를 위한 수단이 됩니다. 이래서는 안 됩니다. 가정에서 존중받지 못하는 남편이 밖에서 존중받을 수 있을까요? 결국 산업이 핍절하게 됩니다. 반대로 남편이 행복하길 원하면 그를 통해 나도 행복할 수 있습니다. 이런 마음을 가리켜서 선을 행한다고 말하는 것입니다. 그래서 남편의 이름을 존중하고 시댁이나 남편의 험담을 하지 않습니다. 양가의 관계를 잘 풀어 갑니다.

현숙한 여인의 두 번째 특징은 '부지런함'입니다. 잠언 31장 13~19절은 부지런한 아내의 모습을 계속 묘사하고 있습니다. 그녀는 손으로 부지런히 일합니다("그는 양털과 삼을 구하여 부지런히 손으로 일하며" 13절). 현숙한 여인은 옷감을 만들기 위해서 부지런히 길쌈을 한다는 것입니다. 또 "먼 데서 양식을" 가져옵니다("상인의 배와 같아서 먼 데서 양식을 가져오며" 14절). 외국에서 수입한 것들로 식사를 준비한다는 것이 아니라, 시장을 두루 돌아다닌다는 뜻입니다. 장바구니를 들고 가족에게 필요한 음식 재료를 사는 것입니다. 정성껏 준비한 재료로 아침을 든든하게 먹입니다("밤이 새기 전에 일어나서 자기 집안 사람들에게 음식을 나누어 주며 여종들에게 일을 정하여 맡기며" 15절). 손수 만들어서 함께 먹는 정성과 사랑을 보여 줍니다.

아내의 밥상, 이것은 단순한 음식이 아닙니다. 여자들은 흔히 남자들이 밥에 묶여 있다고 말합니다. 왜 그럴까요? 남자들은 먹는 데서 사랑을 느끼기 때문입니다. 어릴 때 어머니가 해 주시던 음식은 먹는 것 그 이상입니다. 그것은 사랑입니다. 그래서 '집밥'이란 남편과 자녀를 향한 사랑이고, 응원이며, 위로입니다. 이럴 때 그 가정에는 '소울 푸드'(Soul Food)가 생깁니다. 그 가정을 느낄 수 있는 것, '우리 집' 하면 생각나는 음식을 말합니다. 엄마와 아내의 정성과 사랑이 느껴지는 음식입니다. 집밥은 밖에서 사 먹는 것보다 메뉴가 못해 보일 때도 많습니다. 그러나 나를 위해 만든 것이고, 이것을 함께 먹으며 가족임을 확인할 수 있습니다.

"여종들에게 일을 정하여 맡기며"라는 표현은, 자기가 일하면서 손이 모자랄 때 다른 사람을 시킨다는 것입니다. 자기는 안 하고 남에게 시키는 것이 아닙니다. 다음으로, 물건을 살 때 잘 살펴보고 구입합니다("밭을 살펴 보고 사며 자기의 손으로 번 것을 가지고 포도원을 일구며" 16절). 기분이 내킨다고 해서 충동구매를 하지 않습니다. 허리를 동여매고 소매를 걷어붙이며 열심히 일합니다("힘 있게 허리를 묶으며 자기의 팔을 강하게 하며" 17절). 가정에서 해야 하는 일을 부지런하게, 정성스럽게 감당하는 모습입니다.

현숙한 여인의 세 번째 특징은 남에게 베푸는 것입니다("그는 곤고한 자에게 손을 펴며 궁핍한 자를 위하여 손을 내밀며" 20절). 열심히 일하고 알뜰하게 살림합니다. 재물을 모아서 꼭꼭 쌓아 놓는 것이 아니라 필요할 때는 나눠 줍니다. 손을 편다는 것은 중요한 일입니다. 그런데 가정에서 다른 사람들을 구제하고 선행을 베푼다고 결정할 때 누가 해야 할까요? 남자들이 하는 것 같지만 여자가 반대하면 절대로 못 줍니다. 안주인이 베푸는 마음을 가져야 합니다. 그래야 그 가정이 덕을 베풀 수 있습니다. 안주인이 인색하면 가까운 친척들에게도 나누어 주지 못합니다. 오히려 남편이 반대를 해도 아내가 "그러는 것이 아닙니다. 함께 나누어야 합니다"라고 말해야 합니다. 아내가 베풀고자 할 때 섬기는 가정이 되는 것입니다.

> 입을 열어 지혜를 베풀며 그의 혀로 인애의 법을 말하며 잠 31:26

입에서는 지혜로운 말이 나오고, 사랑의 언어들이 흘러나옵니다. 위로하고 격려하고 가르칩니다. 그럴 때 문제가 해결되고, 화목해집니다. 바로 현숙한 여인이 있는 가정의 모습입니다. 이런 아내가 있으면 남편은 자기가 속한 공동체 안에서 존중을 받습니다. 이렇게 살아갈 때 자녀들은 '우리 어머니는 정말로 훌륭한 분이다'라고 생각합니다. 남편은 '내 아내는 정말 좋은 여자다'라고 인정합니다 ("그의 자식들은 일어나 감사하며 그의 남편은 칭찬하기를" 28절). 가정에서 사랑과 존경을 받는다는 말입니다. 이것이 현숙함의 결과입니다.

현숙한 여인이 되는 비결

그렇다면 이 모든 것이 어떻게 가능할까요? 여호와를 경외하는 것에서 시작됩니다("고운 것도 거짓되고 아름다운 것도 헛되나 오직 여호와를 경외하는 여자는 칭찬을 받을 것이라" 30절). '남편은 하나님이 주신 사람이다. 가정은 하나님이 주신 내 삶의 현장이다'라고 생각해야 합니다. 가정을 시작하신 분이 하나님임을 인정하며, 하나님 앞에서 최선을 다하려고 노력할 때, 현숙한 여인이 되는 것입니다. 처음부터 잘하는 사람은 없습니다. 하지만 하나님을 인정해 가면 현숙한 모습을 갖게 됩니다. 그래서 감당할 힘을 달라고 기도해야 하며, 점점 더 현숙한 여인이 되어 가라는 것입니다.

왜 이런 여자를 찾지 않는가

그런데 사람들은 왜 이런 여자를 찾지 않을까요? 왜 이런 여자가 많지 않을까요? "고운 것도 거짓되고 아름다운 것도 헛되나." 이것을 모르기 때문입니다. '매력'이라는 것은 허무합니다. 그런데 사람들은 눈에 보이는 외모에만 신경을 씁니다. 예쁜 얼굴과 좋은 몸매에 지나친 관심을 가집니다. 그러나 아름다운 아내는 얼굴이 예쁜 아내가 아닙니다. 학벌도 아니고 돈도 아닙니다.

결국 남는 것은 그 사람의 신앙과 사랑의 섬김입니다. 하나님을 경외하고, 하나님이 내게 주신 남편과 가정을 사랑하는 여인, 온유하고 안정된 마음을 유지하면서 부지런히 일하며 어려운 사람을 섬기는 여인이 지혜로운 여인입니다. 하나님은 이런 여인을 칭찬하시고, 믿음의 가정을 세워 나가실 것입니다.

**함께
이야기하기**

1   나의 자녀에게 '이런 여성을 만나라' '이런 아내가 되어라'라고 교훈한다면, 어떤 말을 해 주시겠습니까?

2   현숙한 여인의 세 가지 특징은 무엇인가요?

3   현숙한 여인이 되는 비결은 무엇인가요?

함께
기도하기

잠언 31장을 통해
이상적인 여인상이 무엇인지 가르쳐 주신 하나님!
우리 모두 현숙한 여자가 되고,
그런 여자와 사는 남자들이 되게 하소서.
우리의 마음이 온유하고, 안정되게 하소서.
또한 부지런히 일하며 살게 하소서.
그리고 베풀며 살게 하소서.
눈에 보이는 것이 전부가 아님을 알고
보이지 않는 내면을 가꾸고, 섬기는 삶을 살아가며,
사람들과 하나님의 칭찬을 받는 삶이 되게 하소서.
우리 모두 잠언의 말씀을 기억하며
지혜롭고 행복한 인생을 살게 하소서.